Impressum
Verlag: BABADADA GmbH, Nedderfeld 112 , 22529 Hamburg
Geschäftsführer / Verlagsleitung: Harald Hof
Druck: Books on Demand GmbH, In de Tarpen 42, 22848 Norderstedt

Imprint
Publisher: BABADADA GmbH, Nedderfeld 112 , 22529 Hamburg, Germany
Managing Director / Publishing direction: Harald Hof
Print: Books on Demand GmbH, In de Tarpen 42, 22848 Norderstedt

# xikolo

# école

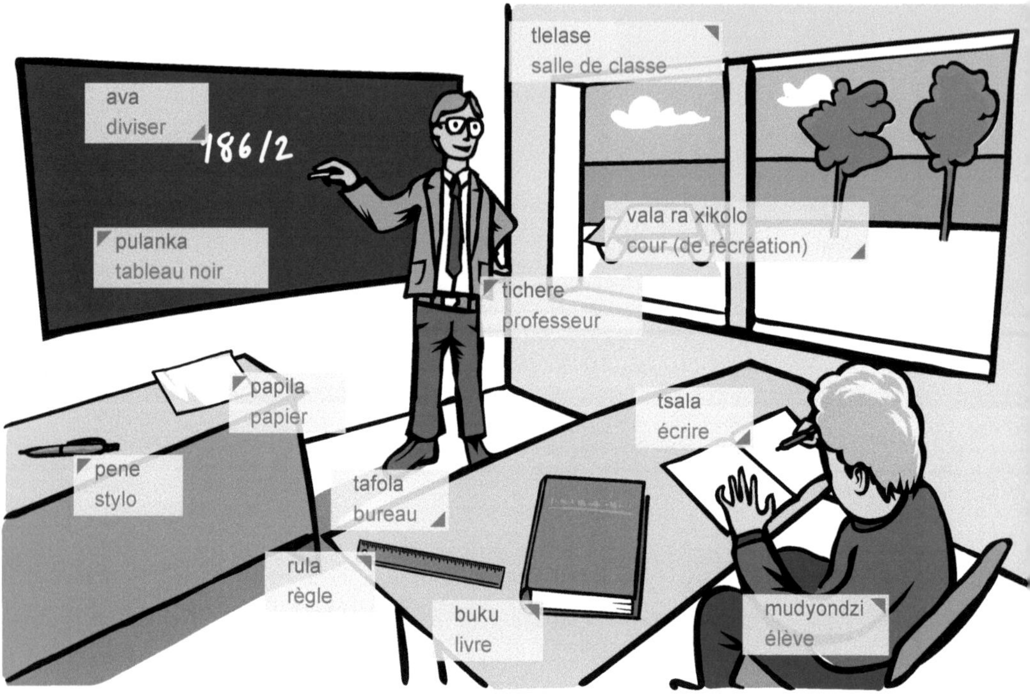
tlelase
salle de classe
ava
diviser
186/2
pulanka
tableau noir
vala ra xikolo
cour (de récréation)
tichere
professeur
papila
papier
tsala
écrire
pene
stylo
tafola
bureau
rula
règle
buku
livre
mudyondzi
élève

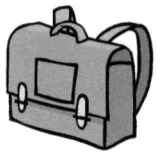

xinkwamana

cartable

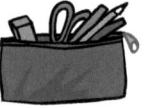

bokisi ra tipensele

trousse

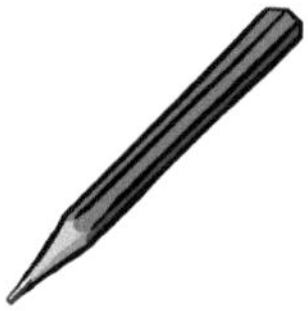

pensele

crayon

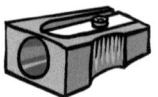

muchini wo vatla tipensele

taille-crayon

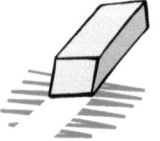

rhaba

gomme

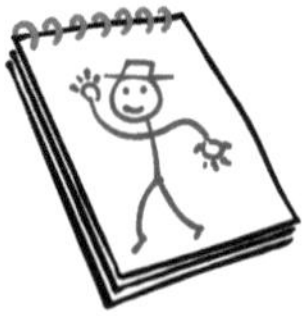

papilo ro dirowa

carnet à dessin

xifaniso lexi diroweke

dessin

burachi ro penda

pinceau

bokisi ro penda

boîte de peinture

xikero

ciseaux

xidamarheti

colle

buku ya xikolo

cahier d'exercices

ntirho wa le kaya

devoirs

nombhoro

chiffre

engeta

additionner

susa

soustraire

andzisa

multiplier

hlaya

calculer

letere

lettre

maletere

alphabet

rito

mot

rungula

texte

hlaya

lire

choko

craie

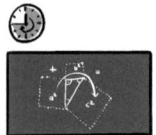

dyondzo

leçon

tsarisa

livre de classe

xikambelo

examen

xitifiketi

certificat

swiambalo swa xikolo

uniforme scolaire

dyondzo

formation

nsonga-vutivi

lexique

univhesiti

université

makhiriskopu

microscope

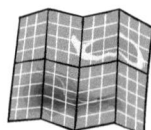

mepe

carte

xikotela xo lahla maphepha

corbeille à papier

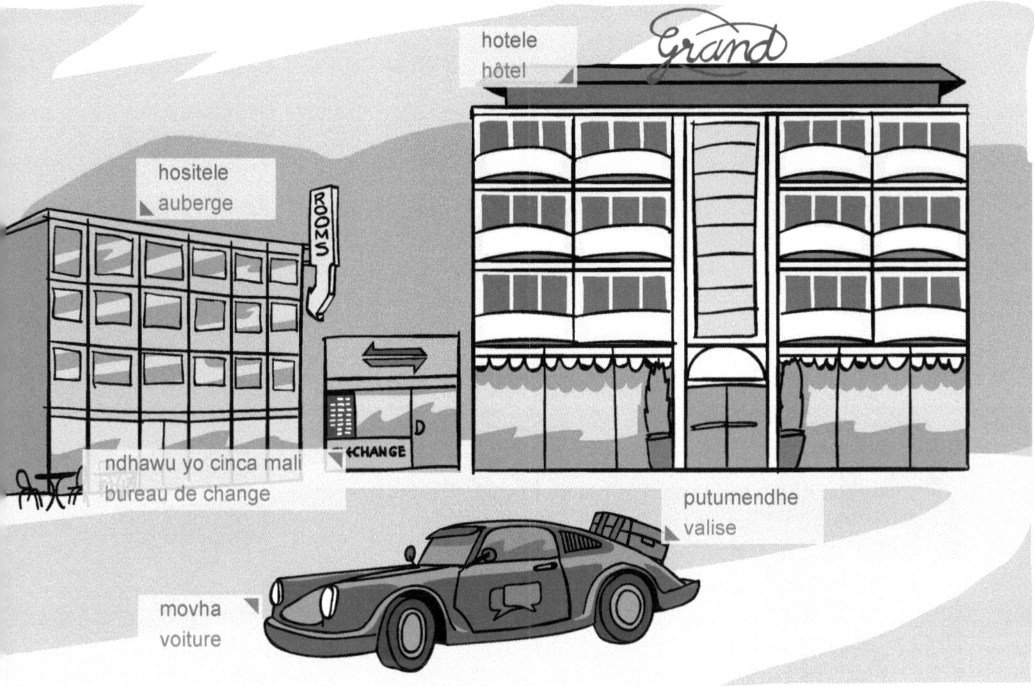

hotele
hôtel
Grand
hositele
auberge
ROOMS
ndhawu yo cinca mali
bureau de change
EXCHANGE
putumendhe
valise
movha
voiture

ririmi
langue

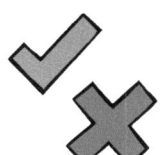

ina / e-e
oui / non

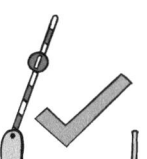

Swikahle
d'accord

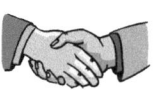

ahe
Salut

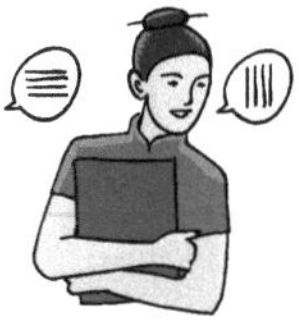

muhundzuluxeri
interprète

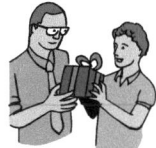

Ndza khensa
merci

ivungani...?

Combien coûte...?

Andzi twisisi

Je ne comprends pas

nkinga

problème

Riperile!

Bonsoir !

Maxelo ya kahle!

Bonjour !

Vusiku bya kahle!

Bonne nuit !

sala kahle

Au revoir

nkongomiso

direction

mindzhwalo

bagages

nkwama

sac

nkwama

sac-à-dos

muendzi

hôte

kamara

pièce

nkwama wo etlela

sac de couchage

tende

tente

vuxokoxoko bya vaendzi

office de tourisme

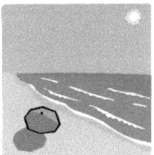

ribuwa

plage

khadi ra xikweleti

carte de crédit

xifihlulo

petit-déjeuner

swakudya swa ninhlekani

déjeuner

swakudya swa nimadyambu

dîner

thikithi

billet

kheshe

ascenseur

xitempe

timbre

ndzilakana

frontière

mikhuva

douane

hovisi ya vuyimeri ya tiko

ambassade

visa

visa

pasi ro endza

passeport

# swilo swo famba

## transport

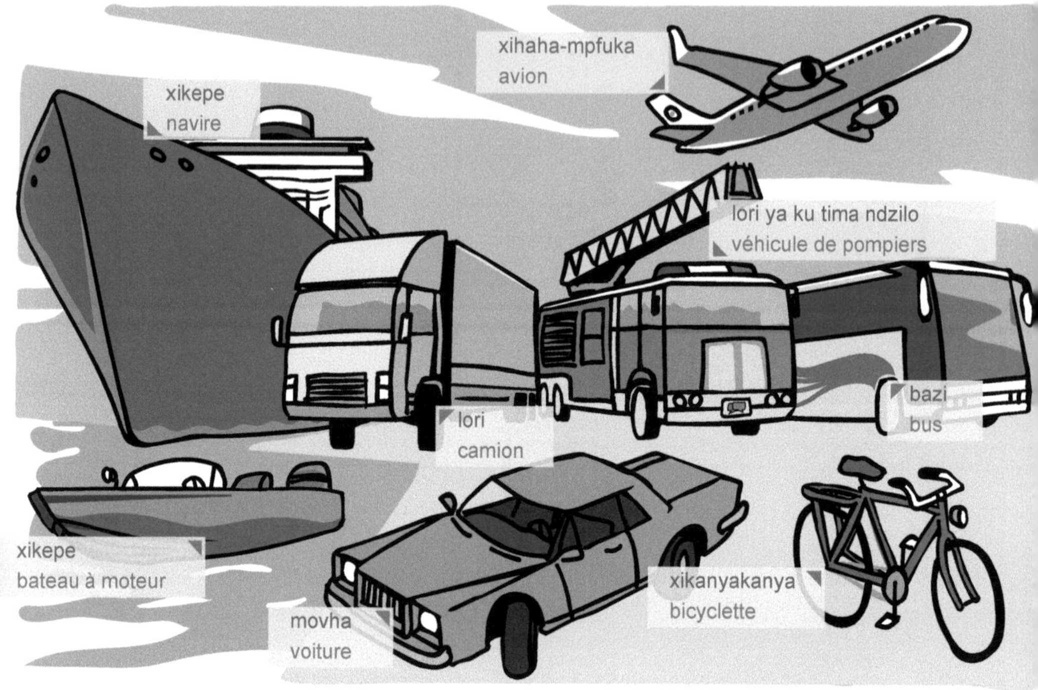
xihaha-mpfuka
avion
xikepe
navire
lori ya ku tima ndzilo
véhicule de pompiers
bazi
bus
lori
camion
xikepe
bateau à moteur
xikanyakanya
bicyclette
movha
voiture

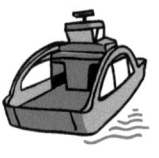

xikepe

ferry

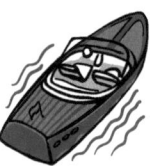

xikepe

barque

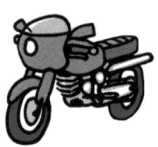

xithuthuthu

moto

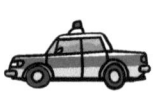

movha wa maphorisa

voiture de police

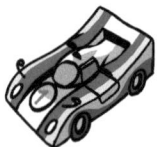

movha wa mphikizano

voiture de course

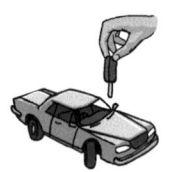

movha yo lombiwa

voiture de location

ku avelana hi movha

auto-partage

lori yo koka timovha

voiture de remorquage

lori yo rhwala chaka

benne à ordures

njhini

moteur

mafurha

essence

ndhawu yo xavisa petirolo

station d'essence

mpfungo wa le patwini

panneau indicateur

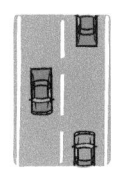

mafambelo ya mimovha

trafic

ntlimbano wa timovha

embouteillage

phaki ya timovha

parking

xitichi xa xitimela

gare

mintila

rails

xitimela

train

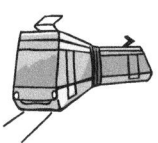

banzi leri fambaka
exiporweni

tramway

kalichi

wagon

xihaha-mpfuka-phatsa

hélicoptère

rivala ra siwhaha-mpfuka

aéroport

xihondzo

tour

mukhandziyi

passager

bokisi

conteneur

bokisi

carton

kalichi

chariot

xirhundzi

corbeille

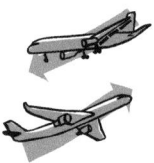

suka / tshama

décoller / atterrir

# doroba

## ville

muti

village

nkava wa doroba

centre-ville

yindlu

maison

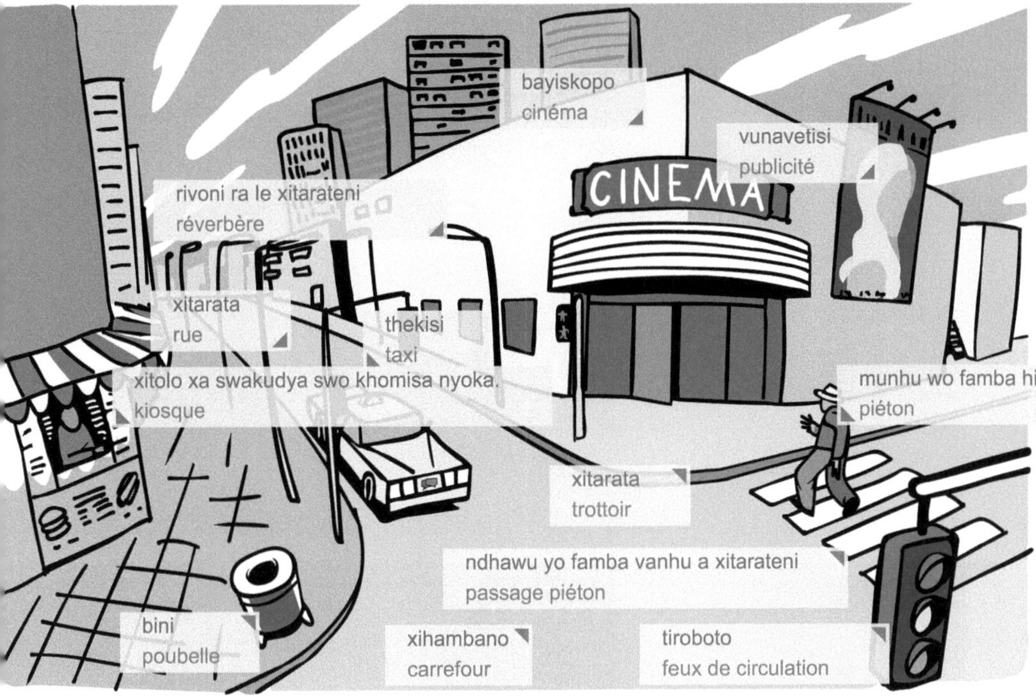

bayiskopo
cinéma

vunavetisi
publicité

rivoni ra le xitarateni
réverbère

CINEMA

xitarata
rue

thekisi
taxi

xitolo xa swakudya swo khomisa nyoka.
kiosque

munhu wo famba hi
piéton

xitarata
trottoir

ndhawu yo famba vanhu a xitarateni
passage piéton

bini
poubelle

xihambano
carrefour

tiroboto
feux de circulation

xiyindlwana xa byanyi
cabane

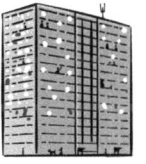

yindlu
appartement

xitichi xa xitimela
gare

holo ya vanhu
mairie

muziyamu
musée

xikolo
école

univhesiti

université

bangi

banque

xibedlhele

hôpital

hotele

hôtel

xitolo xa miri

pharmacie

hofisi

bureau

xitolo xa tibuku

librairie

xitolo

magasin

xitolo xa swiluva

fleuriste

xitolo le xikulu swinene

supermarché

makete

marché

xitolo le xikulu

grand magasin

xitolo xa tinhlampfi.

poissonnerie

ndhawu ya switolo

centre commercial

hlaluko

port

phaka

parc

bence

banque

buloho

pont

switepisi

escaliers

ehansi ka misava

métro

muhocho

tunnel

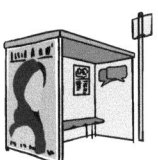

xitichi xa tibanzi

arrêt de bus

barha

bar

rhesiturente

restaurant

bokisi ra poso

boîte à lettres

mfungho wa xitarata

panneau indicateur

muchini wa mali ya ku phaka

parcmètre

ntanga wa swiharhi

zoo

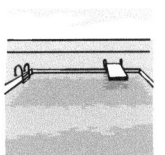

damu ro xambela

piscine

mosque

mosquée

purasi

ferme

nthyakiso

pollution

masirha

cimetière

kereke

église

rivala ra mintlangu

aire de jeux

tempele

temple

## ndhawu

## paysage

tluka
feuille

mfungho wa gondzo
panneau indicateur

ndlela
chemin

byanyi byo tala
pré

ribye
pierre

munhu wo khandziya tintshava
randonneur

murhi
arbre

nambu
rivière

byanyi
herbe

xiluva
fleur

nkova

vallée

xitsunga

montagne

tiva

lac

khwati

forêt

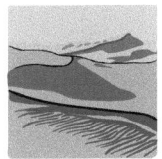

mananga

désert

volkheno

volcan

ntsinda

château

nkwangulatilo

arc-en-ciel

swikowa

champignon

murhi wa nchindzu

palmier

nsuna

moustique

haha

mouche

vusokoti

fourmis

nyoxi

abeille

puma

araignée

xifufunhunu

coléoptère

chele

grenouille

maxindyana

écureuil

nhloni

hérisson

mfundla

lièvre

xikhova

chouette

xinyenyane

oiseau

sekwa

cygne

ngluve ya nhova

sanglier

mhunti

cerf

mhofu

élan

damu

barrage

xipelupelu xa moya

éolienne

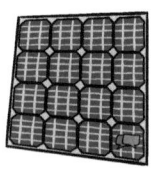

bodo leyi tswongaka kuhisa
ka dyambu

panneau solaire

maxelo

climat

# rhesiturente
# restaurant

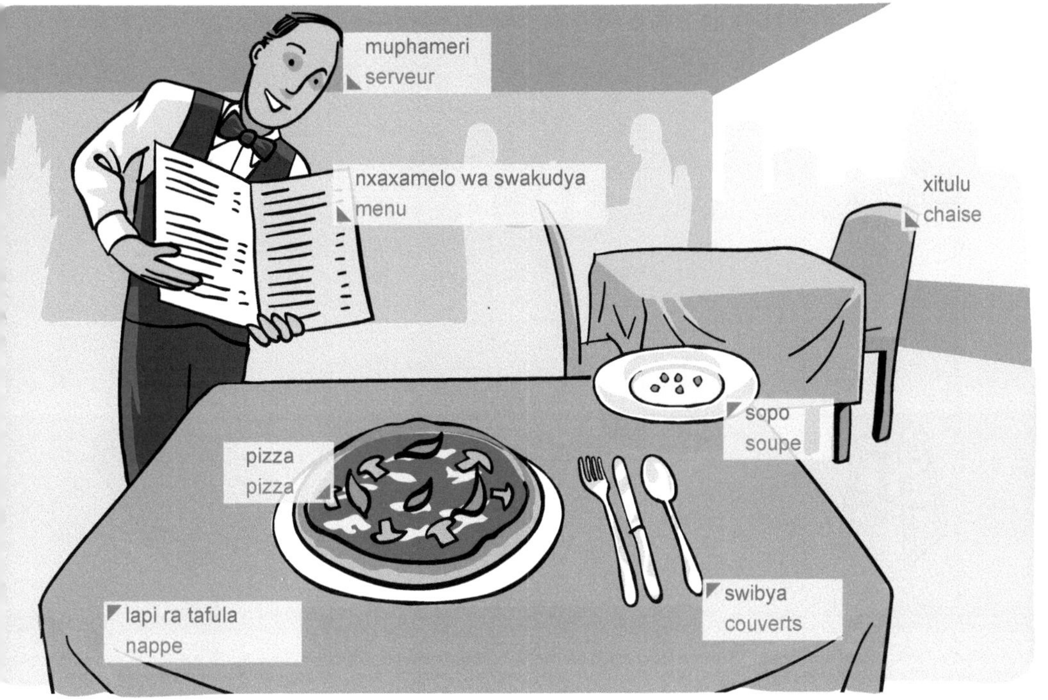
muphameri
serveur
nxaxamelo wa swakudya
menu
xitulu
chaise
sopo
soupe
pizza
pizza
swibya
couverts
lapi ra tafula
nappe

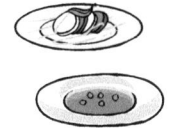

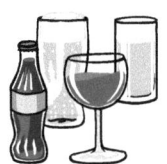

swakudya swa ku naveta

hors d'œuvre

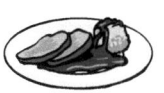

swakudya

plat principal

swo rhelerisa

dessert

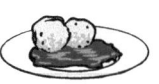

swakunwa

boissons

swakudya

alimentation

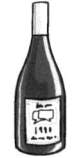

bodlhela

bouteille

swakudya swa xihatla

fast-food

swakudya swa le ndleleni

plats à emporter

mbita ya tiya

théière

xibye xa chukela

sucrier

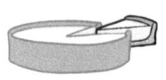

xiphemu

portion

muchini wa espresso

machine à expresso

xitulu xa le henhla

chaise haute

swikweleti

facture

thireyi

plateau

mukwana

couteau

foroko

fourchette

lepula

cuillère

xilepulana

cuillère à thé

phepha ro sula nomu

serviette

nghilazi

verre

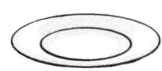

pleti

assiette

pleti ya sopo

assiette à soupe

sosara

soucoupe

murhu

sauce

xilo xo chele munyu

salière

xilo xo gaya

moulin à poivre

vhiniga

vinaigre

mafurha

huile

swinyunyeteri

épices

ketchup

ketchup

mustard

moutarde

mayonasi

mayonnaise

# xitolo le xikulu swinene
## supermarché

nyiko yo hlawuleka
offre promotionnelle
FOR
muxavi
client
ntsamba
produits laitiers
mihandzu
fruits
xikocikara
chariot

BUTCHERS

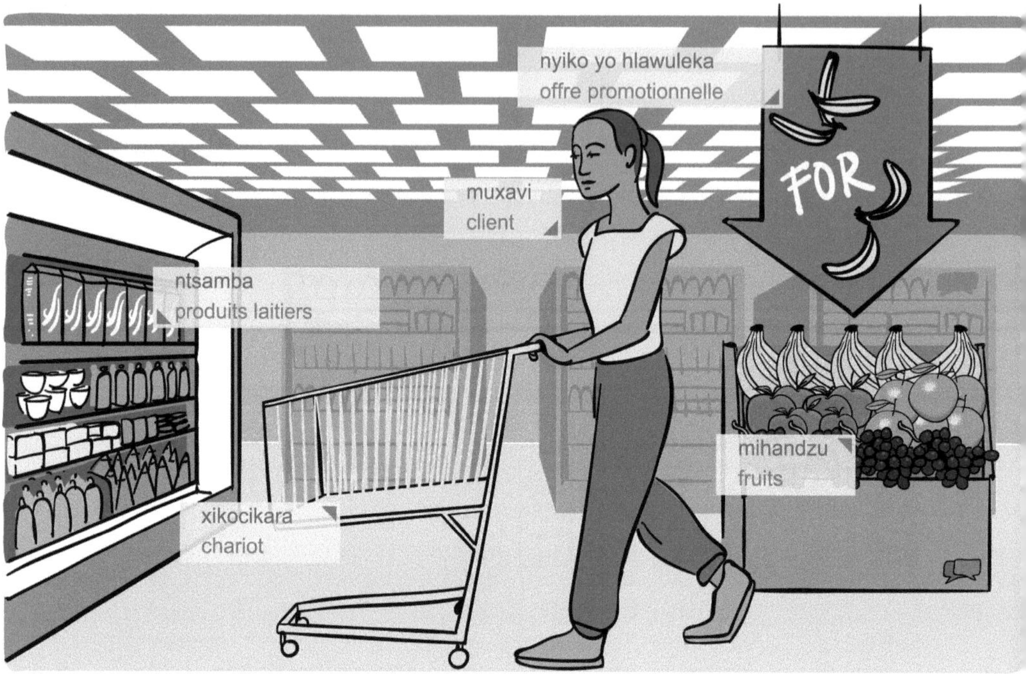

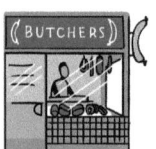

buchara

boucherie

BAKERY

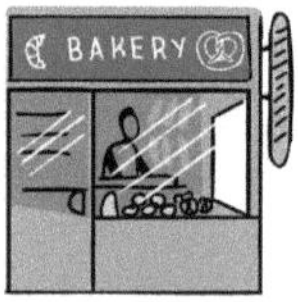

bekari

boulangerie

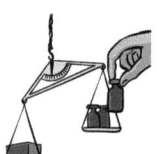

ringanyeta

peser

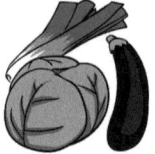

swimila

légumes

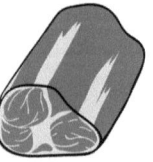

nyama

viande

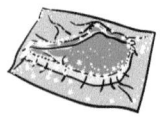

swakudya swo titimela

aliments surgelés

nyama

charcuterie

swakudya leswi nga thinini

conserves

mapa yo hlanswa

poudre à lessive

malekere

bonbons

switirhisiwa swa le ndlwini

articles ménagers

swilo swo basisa

détergents

munhu wo xavisa

vendeuse

thili

caisse

muamukeli wa timali

caissier

nxaxamelo wa swo xaviwa

liste d'achats

nkarhi wa ku tirha

heures d'ouverture

nkwama wa mali

portefeuille

khadi ra xikweleti

carte de crédit

nkwama

sac

nkwama wa pulasitiki

sac en plastique

mati

eau

ntsutsu

jus de fruit

meleke

lait

coke

coca

vhinyo

vin

byalwa

bière

byala

alcool

cocoa

chocolat chaud

tiya

thé

kofi

café

espresso

expresso

cappuccino

cappuccino

banana

banane

apula

pomme

lamula

orange

kalabatla

melon

swiri

citron

kherotsi

carotte

swinyalana

ail

musengele

bambou

nyala

oignon

swikowa

champignon

timanga

noisettes

makaroni ya nyama

pâtes

spaghetti

spaghetti

rhayisi

riz

saladi

salade

machipisi

pommes frites

nhlata wo katingiwa

pommes de terre rôties

pizza

pizza

hamburger

hamburger

xinkwa

sandwich

cutlet

escalope

ham

jambon

salami

salami

soseji

saucisse

huku

poulet

katinga

rôti

hlampfi

poisson

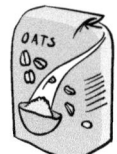

oats
flocons d'avoine

muesli
muesli

rivele-ndzoho
cornflakes

filawa
farine

bantsi
croissant

xinkwa
petits-pains

xinkwa
pain

xinkwa xo oxiwa
pain grillé

makokisi
biscuits

botere
beurre

ribomba ra tswamba
le fromage blanc

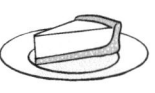

khekhe
gâteau

tandza
œuf

matandza lama katingiweke
œuf au plat

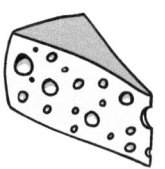

chizi
fromage

ayisi khrimi

glace

chukela

sucre

vulombe

miel

jamu

confiture

botere ya chokoleti

crème nougat

curry

curry

# purasi
# ferme

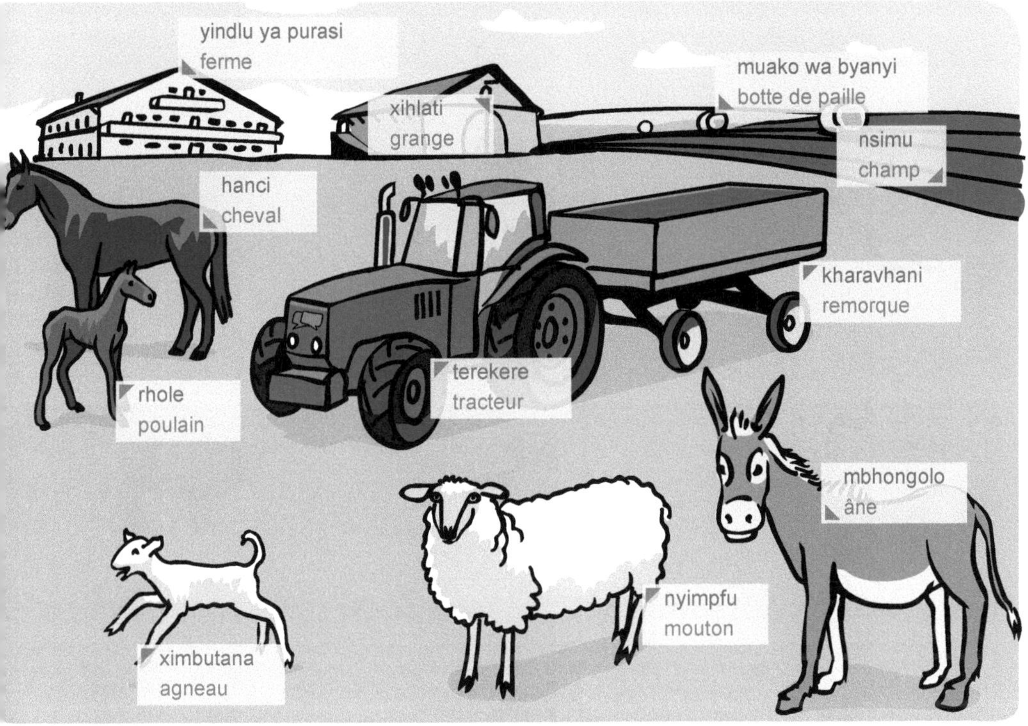

yindlu ya purasi
ferme
xihlati
grange
muako wa byanyi
botte de paille
nsimu
champ
hanci
cheval
kharavhani
remorque
terekere
tracteur
rhole
poulain
mbhongolo
âne
nyimpfu
mouton
ximbutana
agneau


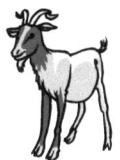

mhunti

chèvre

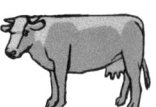

homu

vache

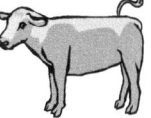

rhole

veau

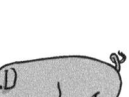

nguluve

porc

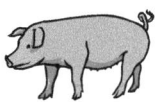

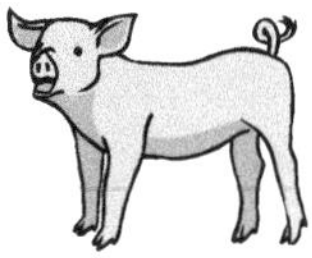

xingulubyana

porcelet

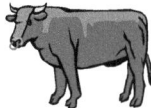

nkuzi

taureau

sekwa

oie

sweka

canard

xikukwana

poussin

mbhaha

poule

nkuku

coq

kondlo

rat

ximanga

chat

kondlo

souris

homu

bœuf

mbyana

chien

yindlu ya mbyana

chenil

payipi ya mati

tuyau de jardin

xilo xo chelela mati

arrosoir

nsimbi yo tsema

faucheuse

xikomu

charrue

sikele

faucille

xikomu

pioche

foroko le yikulu

fourche

xihloka

hache

bara

brouette

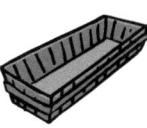

xitsengele

cuve

xilo xo chela ntswamba

pot à lait

saka

sac

rirhangu

clôture

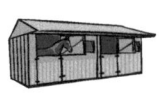

xivala

étable

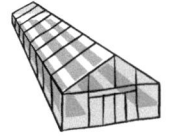

yindlu ya vuhlayiselo bya
swimilana

serre

misava

sol

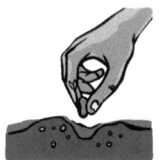

mbewu

semences

swinonisi

engrais

muchini wa ku tshovela

moissonneuse-batteuse

tshovela

récolter

ntshovelo

récolte

mintsumbula

igname

koroni

blé

tinyawa

soja

nhlata

pomme de terre

koroni

maïs

rapeseed

colza

nsinya wa mihandzu

arbre fruitier

ntsumbula

manioc

swakudya swa tidzoho

céréales

purasi - ferme

# yindlu
# maison

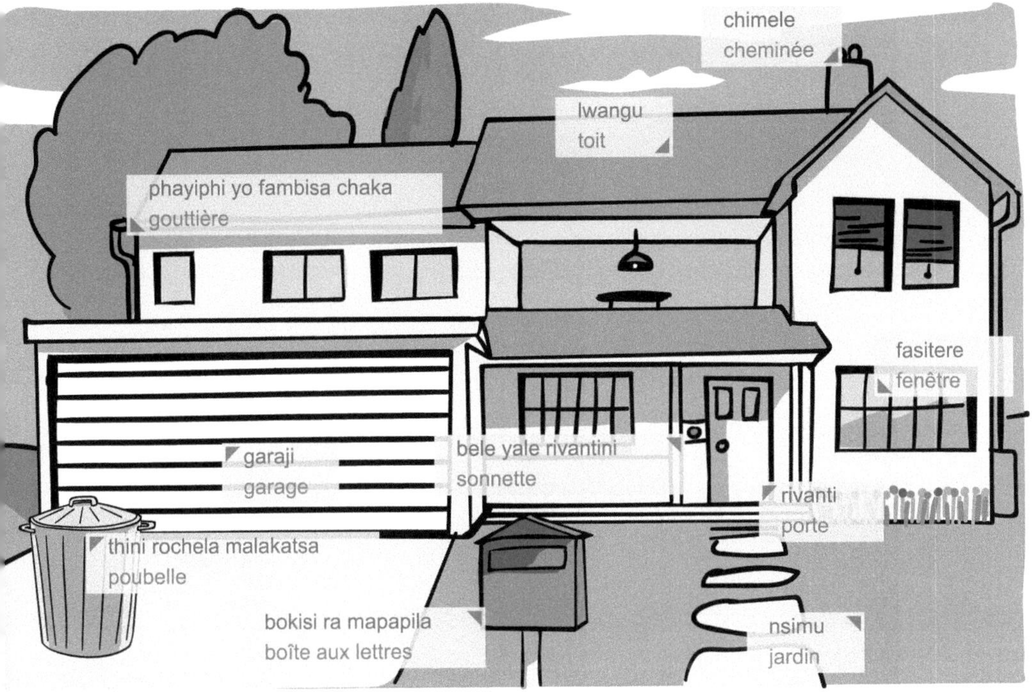

chimele
cheminée
lwangu
toit
phayiphi yo fambisa chaka
gouttière
fasitere
fenêtre
garaji
garage
bele yale rivantini
sonnette
rivanti
porte
thini rochela malakatsa
poubelle
bokisi ra mapapila
boîte aux lettres
nsimu
jardin


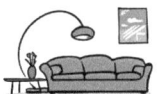

kamara ro tshama

salon

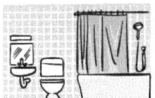

kamara yo hlambela

salle de bain

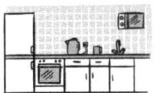

khishini

cuisine

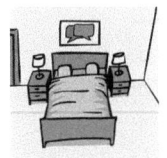

kamera ro etlela

chambre à coucher

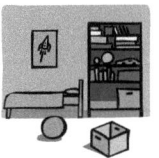

kamana ya vana

chambre d'enfant

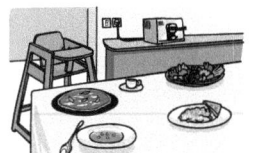

ndhawu yo dyela

salle à manger

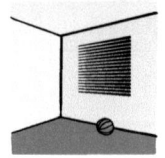

ehansi

sol

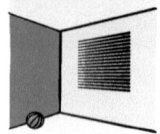

khumbi

mur

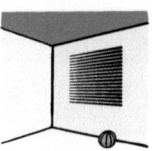

silingi

plafond

kamera ra le hansi

cave

phungula

sauna

rikupakupa

balcon

tshala

terrasse

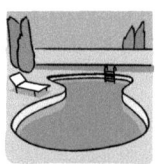

damu

piscine

muchini wo tsema byanyi

tondeuse à gazon

nkumba

housse

swo andlalela mubedo

couette

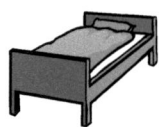

mubedo

lit

nkukulu

balai

bakiti

sceau

swichi

interrupteur

# kamara ro tshama

## salon

phepha ra le khumbini
papier peint
xifaniso
image
rivoni
lampe
xelufu
étagère
khabodo
armoire
thelevhixini
télé
xitiko
cheminée
xiluva
fleur
xikhengele
coussin
sofa
sofa
mbita
vase
xilawula-kule
télécommande


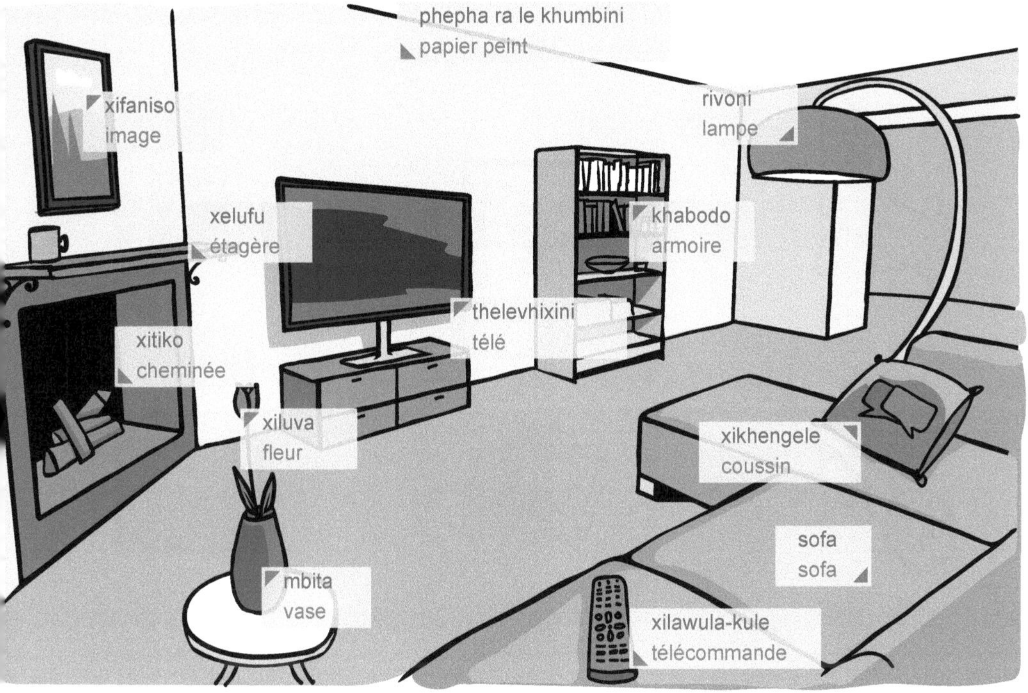

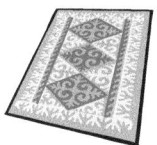

khapete

tapis

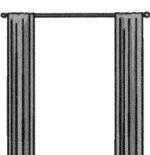

khethenisi

rideau

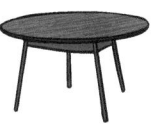

tafula

table

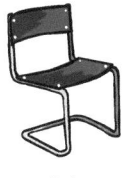

xitulu

chaise

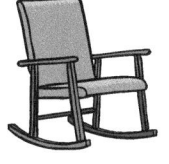

xitulu xo mbuwetela

chaise à bascule

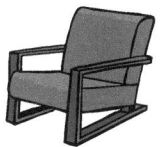

xitulu xo tlhandleka mavoko

fauteuil

buku

livre

nkumba

couverture

nkhaviso

décoration

tihunyi

bois de chauffage

filimi

film

muchini wa hi-fi

chaîne hi-fi

xinotlelo

clé

phepha-hungu

journal

xifaniso lexi vatliweke

peinture

bodo ya xifaniso

poster

xiya-ni-moya

radio

buku yo tsala tinhla

bloc-notes

hoover

aspirateur

xiluva xa cactus

cactus

khandlela

bougie

# khishini
# cuisine

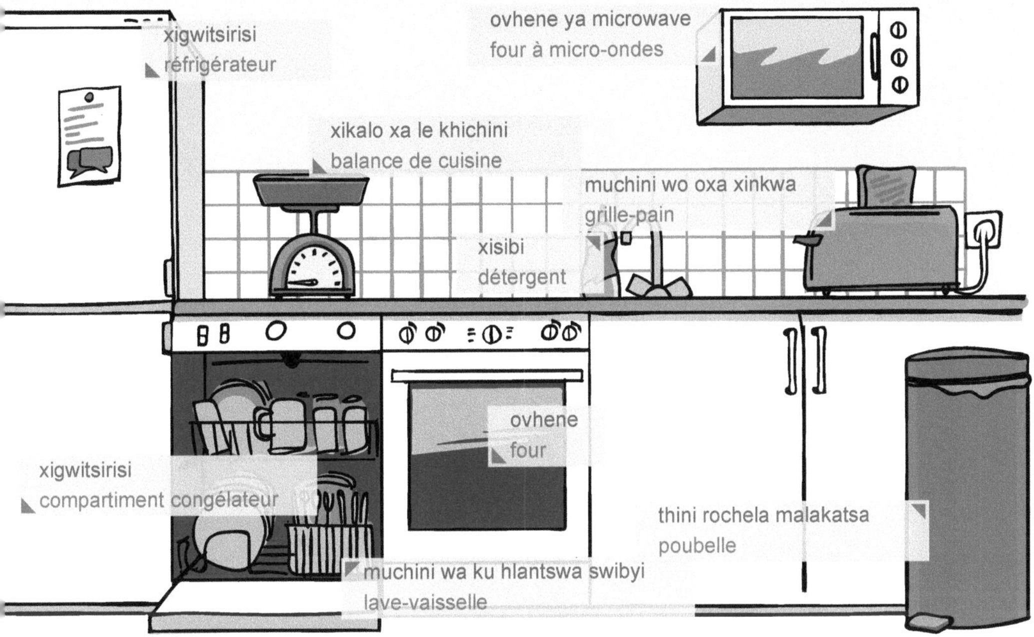

xigwitsirisi
réfrigérateur
ovhene ya microwave
four à micro-ondes
xikalo xa le khichini
balance de cuisine
muchini wo oxa xinkwa
grille-pain
xisibi
détergent
ovhene
four
xigwitsirisi
compartiment congélateur
thini rochela malakatsa
poubelle
muchini wa ku hlantswa swibyi
lave-vaisselle


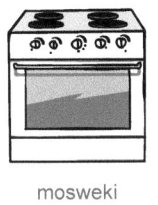

mosweki

four

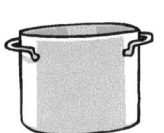

poto

casserole

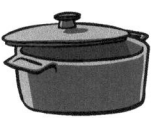

poto ra nsimbi

marmite

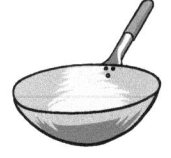

mbita yo swekela / kadai

wok / kadai

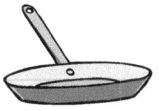

pani

poêle

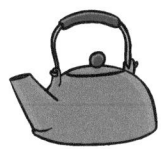

ketlele

bouilloire electrique

xo sweka hi nkahelo

cuiseur vapeur

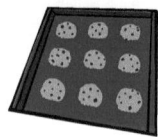

thireyi ya ku baka

plaque de cuisson

swibya

vaisselle

xikomichana

gobelet

ximbitana

coupe

ti-chopstick

baguettes

xipunu

louche

spatula

spatule

muchini wo hlanganisa

fouet

sefo

passoire

xisefo

tamis

xilo xo tsemelela

râpe

xibye

mortier

nyama yo oshiwa

barbecue

ndzilo

cheminée

bodo ya ku tsemelela

planche à découper

mhandzi yo andlala fulawa

rouleau à pâtisserie

xo pfula mabodlhela

tire-bouchon

thini

boîte

xo pfula mathini

ouvre-boîte

xo khoma poto

maniques

zinki

lavabo

buracha

brosse

xiponci

éponge

xilo lexi hlanganiselaka

mixeur

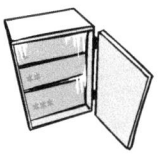

xigwitsirisi

congélateur

bodlhela ra n'wana

biberon

pompi

robinet

# kamara yo hlambela

# salle de bain

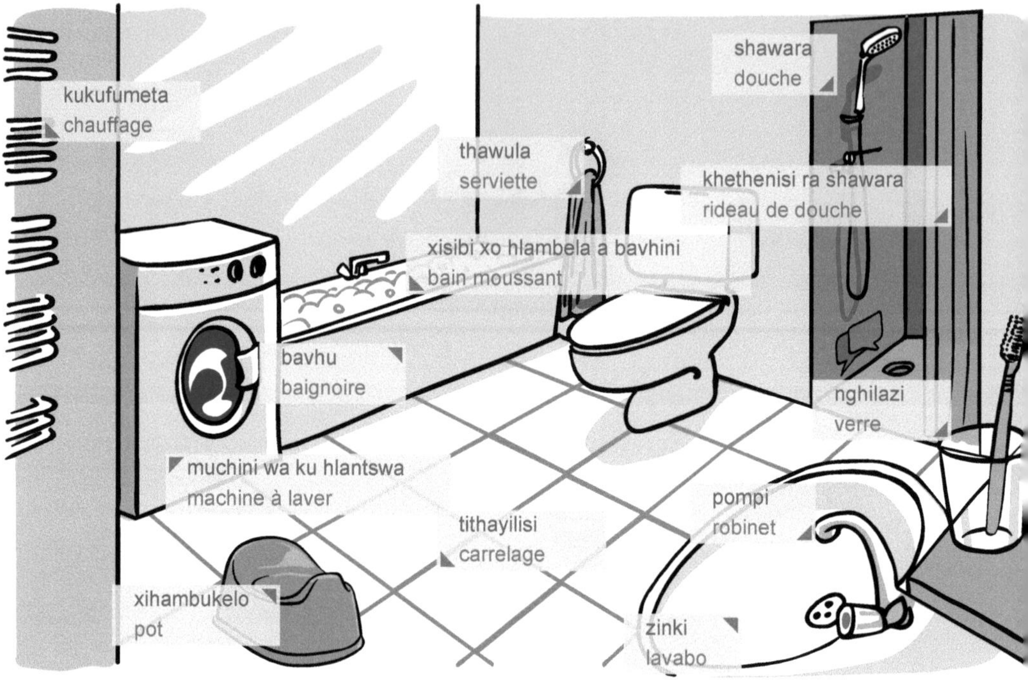
kukufumeta
chauffage
shawara
douche
thawula
serviette
khethenisi ra shawara
rideau de douche
xisibi xo hlambela a bavhini
bain moussant
bavhu
baignoire
nghilazi
verre
muchini wa ku hlantswa
machine à laver
pompi
robinet
tithayilisi
carrelage
xihambukelo
pot
zinki
lavabo

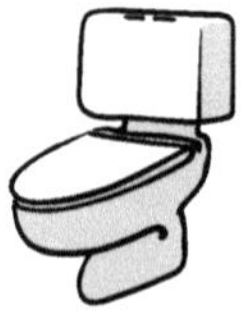

xihambukelo

toilettes

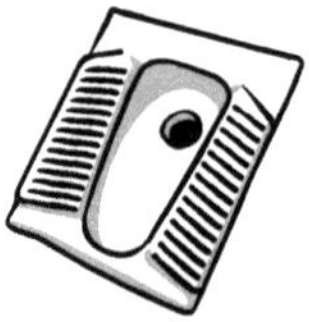

xihambukelo

toilette à la turque

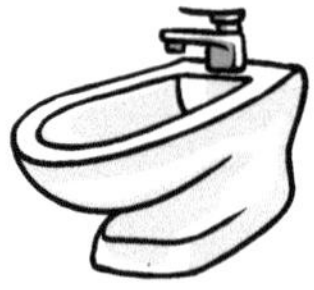

bidet

bidet

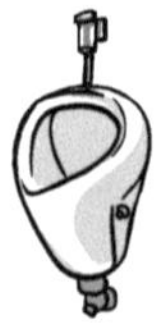

ndhawu yo tsakamisela

urinoir

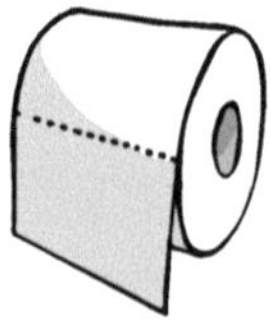

papila ra xihambukelo

papier toilette

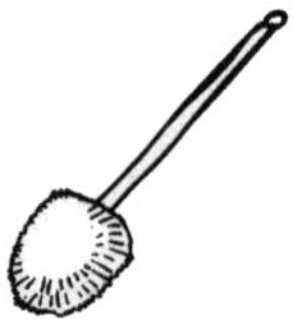

burachi bya xihambukelo

brosse à toilette

burachi bya meno

brosse à dents

xisibi xa meno

dentifrice

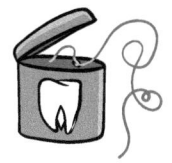

xo basisa exikarhi ka meno

fil dentaire

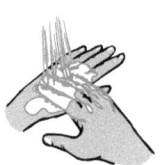

hlamba

laver

xawara yo khomiwa hivoko

douche manuelle

douche

douche intime

xihlambelo

vasque

buracha ra nhlana

brosse dorsale

xisibi

savon

xisibi xa xawara

gel douche

shampoo

shampooing

swilapana

gant de toilette

xinambyana

écoulement

rivomba

crème

xinhuherisi

déodorant

xivoni

miroir

xivoni xo khomiwa hivoko

miroir cosmétique

rikarhi

rasoir

xisibi so susa malevu

mousse à raser

mafurha ya kutola loku u
heta ku tsemeta malevu

après-rasage

kama

peigne

buracha

brosse

muchini wo omisa mosisi

sèche-cheveux

mafurha yo tola mosisi

laque pour cheveux

xo tisasekisa

fond de teint

xotota nomo

rouge à lèvres

xo tota minwala

vernis à ongles

kotoni

ouate

xo tsema minwala

coupe-ongles

xinhuherisi

parfum

nkwama wa le
xihambukelweni

trousse de toilette

nchuluko

tabouret

xikalo

pèse-personne

nguvu yo hlamba

peignoir

tiglovhu ta raba

gants de nettoyage

tampon

tampon

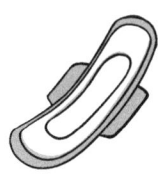

thawula ra ku basisa

serviettes hygiéniques

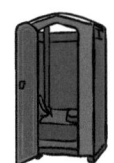

xihambukelo xa le handle

toilette chimique

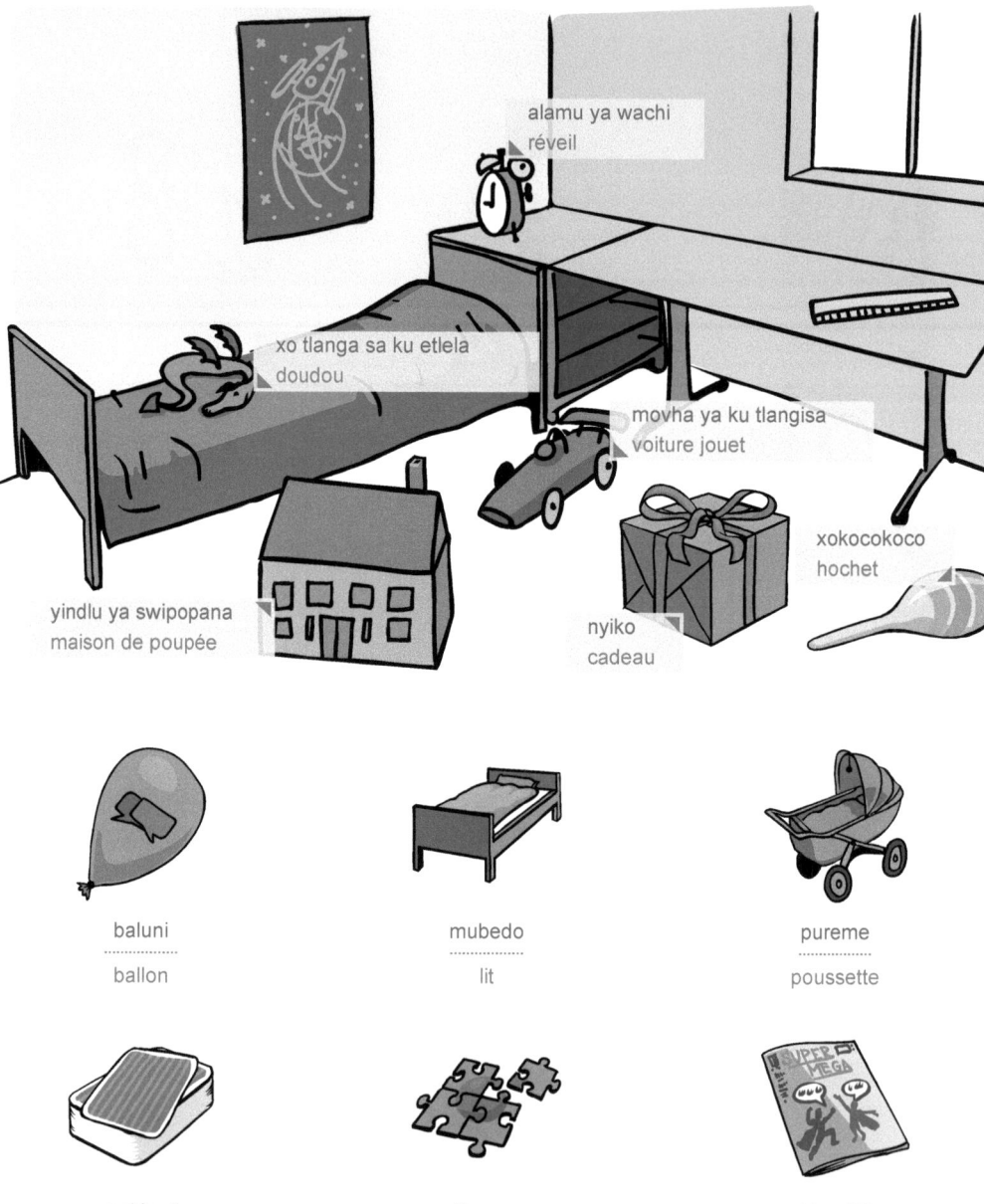

alamu ya wachi
réveil

xo tlanga sa ku etlela
doudou

movha ya ku tlangisa
voiture jouet

xokocokoco
hochet

yindlu ya swipopana
maison de poupée

nyiko
cadeau

baluni
ballon

mubedo
lit

pureme
poussette

makhadi
jeu de cartes

jigsaw
puzzle

khomiki
bande dessinée

switina swa lego

pièces lego

swiaki

blocs de construction

xo tlanga xa vana

figurine

swiambalo swa nwana

grenouillère

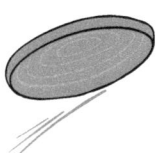

Frisbee

frisbee

mobile

mobile

ntlango wa le bodweni

jeu de société

dayisi

dé

xitimela xo tlanga

train miniature

xo tlangisa vana

sucette

nkhuvo

fête

buku ya swifaniso

livre d'images

bolo

balle

xipopana

poupée

tlanga

jouer

khele ra sava

bac à sable

muchinginya

balançoire

swilo swo tlangisa

jouets

mintlango ya vhidiyo

console de jeu

xithuthuthu xa mivhilwa
manharhu

tricycle

tibere to tlangisa

ours en peluche

wadirobo

armoire

# swiambalo

## vêtements

masokisi

chaussettes

masokisi

bas

buruku byo tlimba

collant

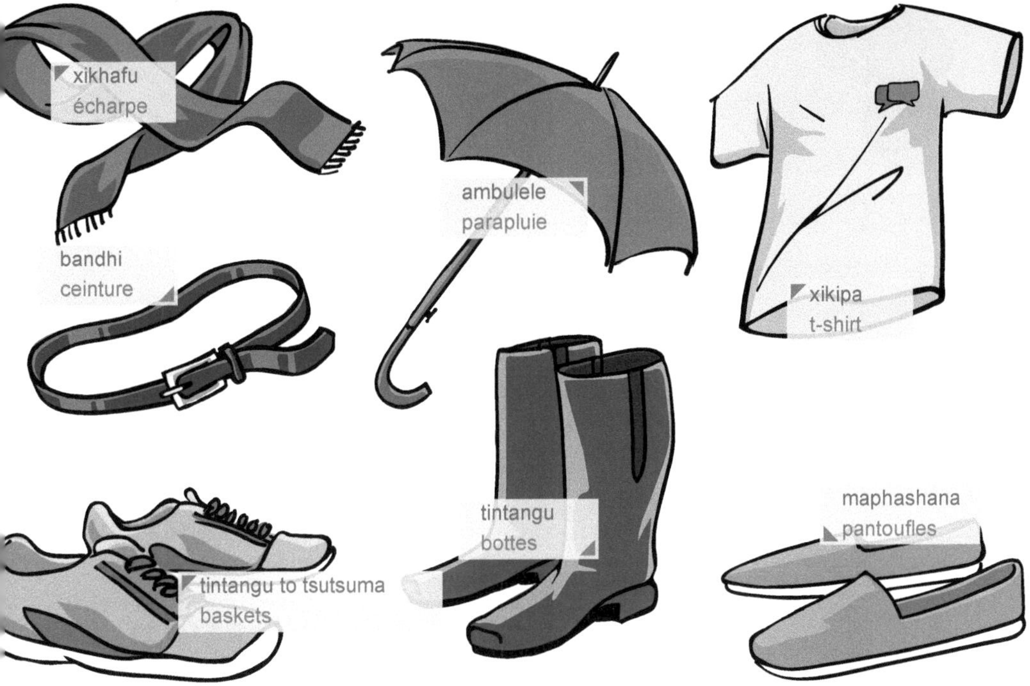

xikhafu
écharpe

ambulele
parapluie

xikipa
t-shirt

bandhi
ceinture

tintangu
bottes

maphashana
pantoufles

tintangu to tsutsuma
baskets

maphashana

sandales

tintangu

chaussures

majombo ya raba

bottes de caoutchouc

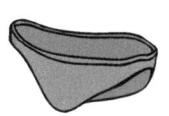

maburuko ya le ndzeni

sous-vêtements

bodi

soutien-gorge

xikipa xa le ndzeni

maillot de corps

**miri**

body

**maburuko**

pantalon

**bokati**

jean

**xiketi**

jupe

**bulawusi**

chemisier

**hembe**

chemise

**jesi**

pull

**jazi ro fingeneta nhloko**

sweat à capuche

**buleyizara**

veste

**baji**

veste

**nghuvo**

manteau

**jazi rampfula**

imperméable

**swiambalo**

costume

**swiambalo**

robe

**rhoko ya mucato**

robe de mariée

sudu

costume

xiambalo xo etlela

chemise de nuit

swi ambalo swo etlela

pyjama

sari

sari

xikhafu

foulard

duku

turban

burqa

burqa

swi ambalo

caftan

abaya

abaya

swiambalo swo hlambela

maillot de bain

maburuko ya le ndzeni

maillot de bain

buruku ro koma

short

tracksuit

tenue d'entraînement

fasikoti

tablier

maglilavhu

gants

kunupu

bouton

manghilazi ya mahlo

lunettes

sindza

bracelet

vuhlalu

collier

xingwaxila

bague

vo sasekisa tindleve

boucle d'oreille

kepisi

bonnet

hangara ya nghuvo

cintre

xigqoko

chapeau

thayi

cravate

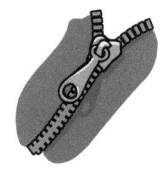

zipi

fermeture éclair

xihuku

casque

minxongotelo

bretelles

swiambalo swa xikolo

uniforme scolaire

yunifomo

uniforme

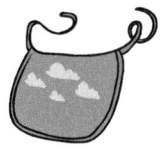

bibi

bavoir

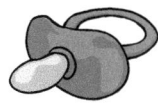

xo tlangisa vana

sucette

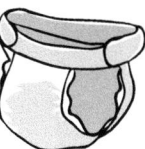

leyiri

lange

# hofisi

## bureau

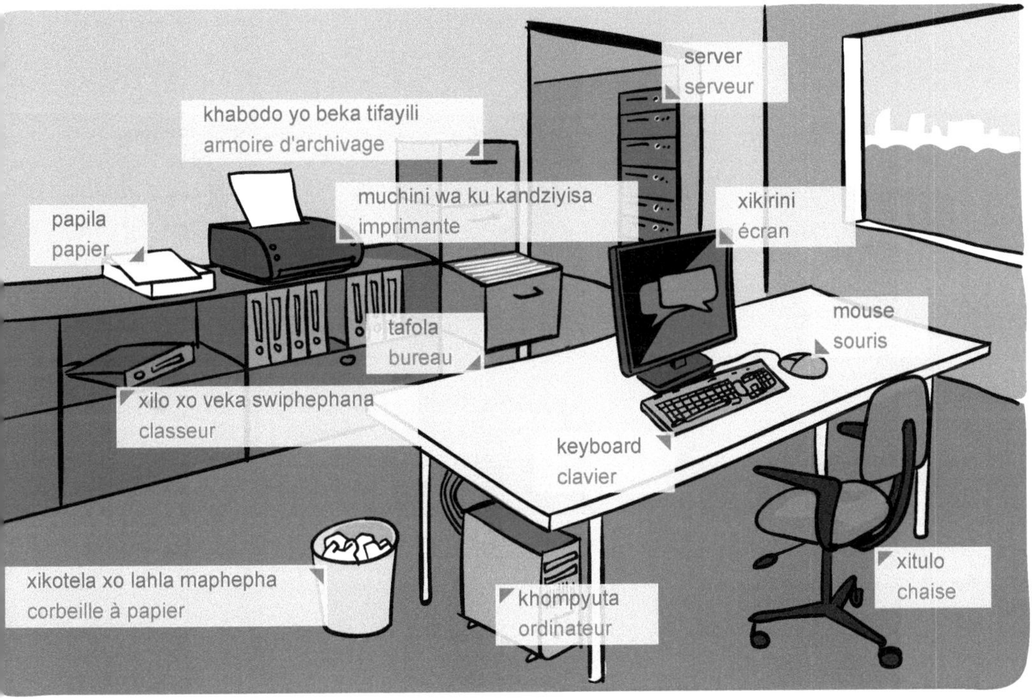
server
serveur
khabodo yo beka tifayili
armoire d'archivage
muchini wa ku kandziyisa
imprimante
papila
papier
xikirini
écran
mouse
souris
tafola
bureau
xilo xo veka swiphephana
classeur
keyboard
clavier
xikotela xo lahla maphepha
corbeille à papier
khompyuta
ordinateur
xitulo
chaise

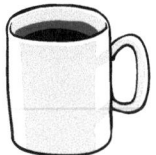

bikiri ra kofi

tasse de café

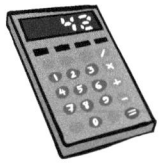

muchini wo hlaya

calculatrice

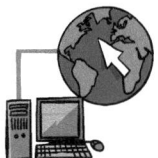

internet

internet

laptop

ordinateur portable

papila

lettre

rungula

message

foni

portable

network

réseau

muchini wo endla tikopi

photocopieuse

progreme ya khompyuta

logiciel

riqingho

téléphone

pulagi ya gezi

prise

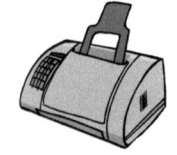

muchini wo rhumela rungula

fax

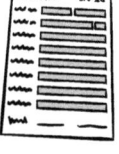

fomo

formulaire

papila

document

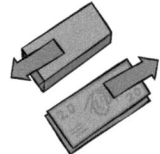

xava
................
acheter

hakela
................
payer

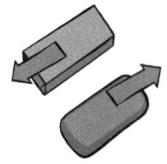

xavisa
................
faire du commerce

mali
................
monnaie

dolara
................
dollar

euro
................
euro

yen
................
yen

rouble
................
rouble

Swiss franc
................
franc suisse

renminb yuan
................
renminbi yuan

rupee
................
roupie

muchini wa mali
................
distributeur automatique

ndhawu yo cinca mali

bureau de change

nsuku

or

silivhere

argent

mafurha

pétrole

matimba

énergie

hakelo

prix

ntwanano

contrat

xibalo

taxe

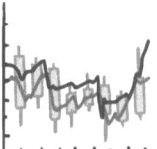

nundzu ya timali

action

tirha

travailler

mutirhi

employé

mothorhi

employeur

fektri

usine

xitolo

magasin

# mintirho
# professions

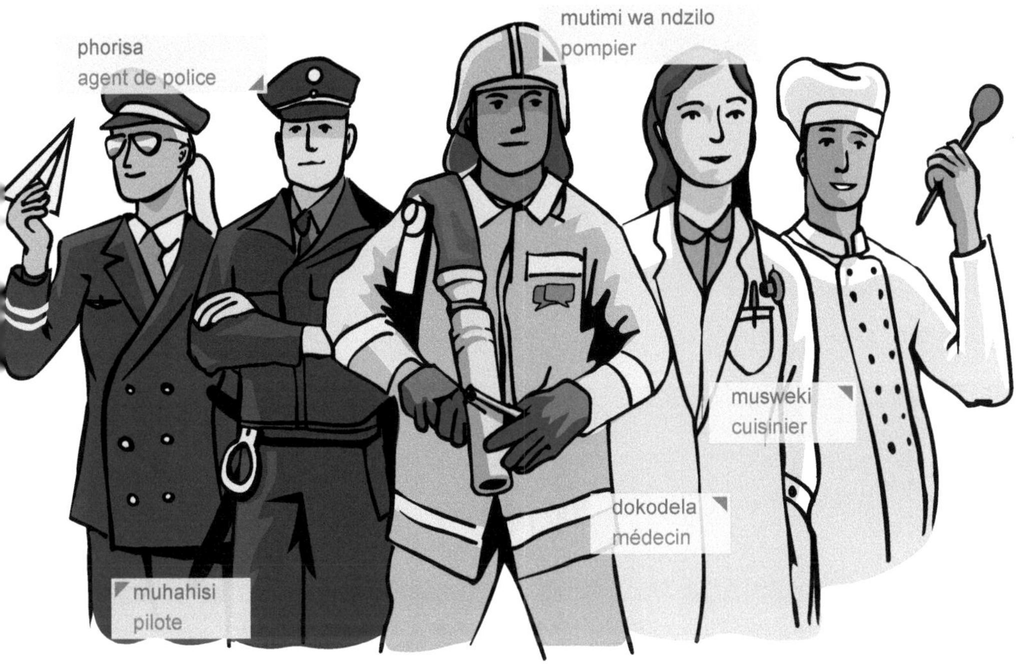
phorisa
agent de police
mutimi wa ndzilo
pompier
musweki
cuisinier
dokodela
médecin
muhahisi
pilote

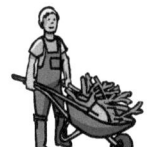

muhlayi wa ntanga

jardinier

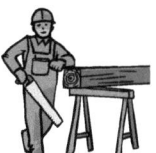

muvatli

menuisier

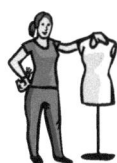

murungi

couturière

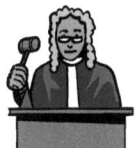

muavanyisi

juge

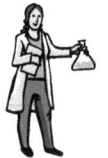

xitshunguri

chimiste

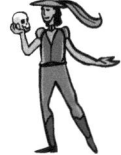

mutlangi

acteur

muchaeri wa tibazi

conducteur de bus

muchayeri wa thekisi

chauffeur de taxi

muphasi wa tinhlampfi

pêcheur

wansati wa ku basisa

femme de ménage

mufuleri

couvreur

muphameri

serveur

muhloti

chasseur

mupendi

peintre

mubaki

boulanger

mutivi wagezi

électricien

muaki

ouvrier

munjiniyara

ingénieur

muxavisi wa nyama

boucher

muplambara

plombier

muheleketi wa poso

facteur

socha

soldat

mumpfampfarhuti

architecte

muamukeli wa timali

caissier

muxavisi wa swiluva

fleuriste

mululamisi wa misisi

coiffeur

mufambisi

contrôleur

munhu wo lungisa timovha

mécanicien

mulawuri

capitaine

dokotela wa matinho

dentiste

mutivi wa sayensi

scientifique

mufundisi

rabbin

murhangeri

imam

nghwendza

moine

mfundisi

prêtre

# switirhisiwa

# outils

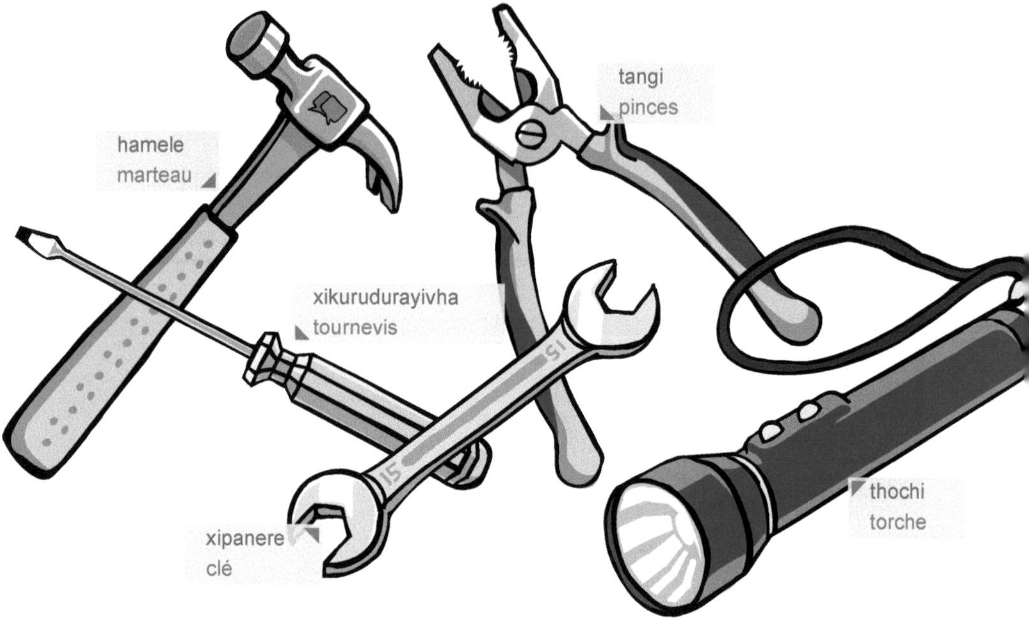

hamele
marteau
tangi
pinces
xikurudurayivha
tournevis
xipanere
clé
thochi
torche


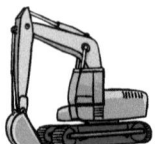

muchini wo cela

pelleteuse

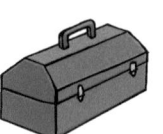

bokisi ra switirhisiwa

boîte à outils

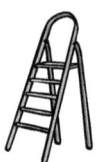

xitepisi

échelle

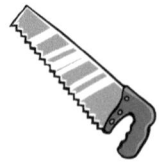

saha

scie

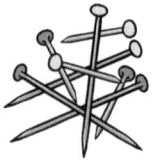

swipikiri

clous

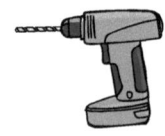

muchini wo boxa

perceuse

lunghisa

réparer

foxolo

pelle

Thyaka!

Mince !

nchumu wo susa ritshuri

pelle

mbita ya pende

pot de peinture

bawuti

vis

## swichayachayana
## instruments de musique

swigubu
batterie

xikurisa-mpfumawulo
haut-parleurs

katara
guitare

double bass
contrebasse

mhalamhala
trompette

piyano

piano

violin

violon

bass

basse

timpani

timbales

xigubu

tambour

keyboard

piano électrique

saxophone

saxophone

xitiringo

flûte

xikurisa-marito

microphone

# ntanga wa swiharhi

## zoo

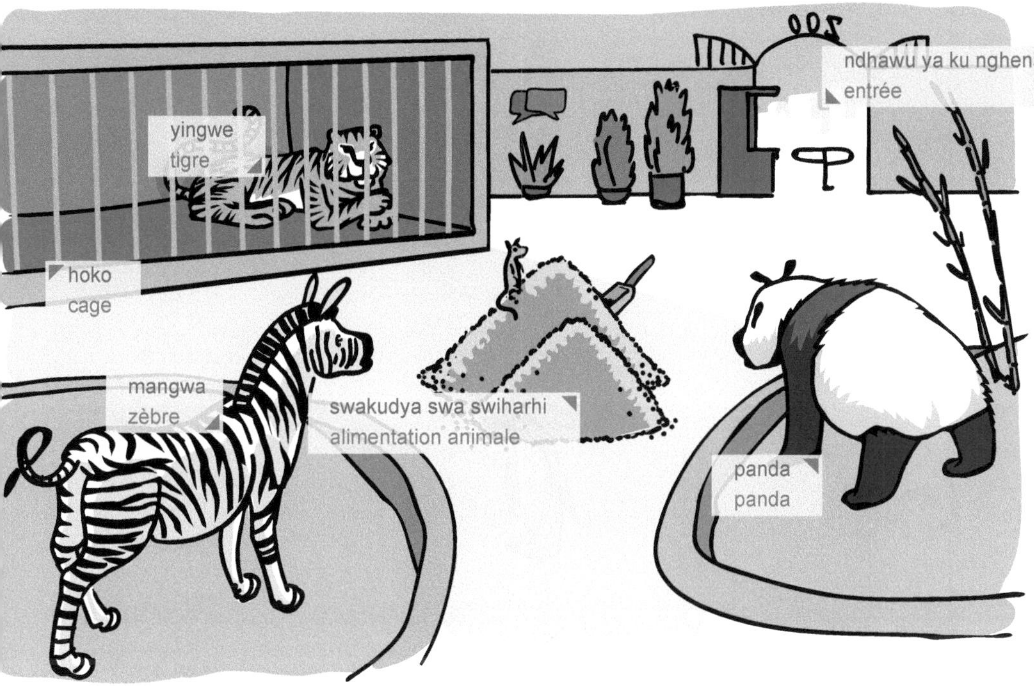

zoo
ndhawu ya ku nghen
entrée
yingwe
tigre
hoko
cage
mangwa
zèbre
swakudya swa swiharhi
alimentation animale
panda
panda


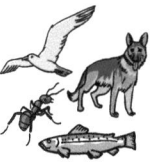

swiharhi

animaux

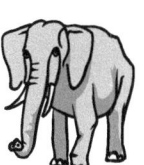

ndlopfu

éléphant

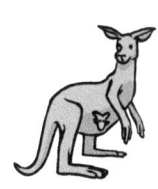

xinjhenghwe

kangourou

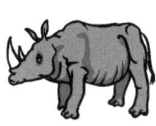

mhelembe

rhinocéros

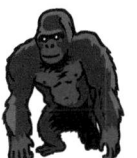

gorila

gorille

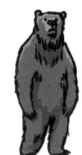

bere

ours

kamela

chameau

yintsha

autruche

nghala

lion

nkawu

singe

flamingo

flamand rose

hokwe

perroquet

bere

ours polaire

penguin

pingouin

shaka

requin

hanti

paon

nyoka

serpent

ngwenya

crocodile

muhlayisi wa mintanga ya
swiharhi

gardien de zoo

seal

phoque

jaguar

jaguar

hanci

poney

yingwe

léopard

mpfuvu

hippopotame

nhutlwa

girafe

gama

aigle

ngluve ya nhova

sanglier

hlampfi

poisson

mfutsu

tortue

nyimpfu ya le lwandle

morse

mhungubye

renard

mhala

gazelle

bolo ya le Amerika
american Football

kufamba hi xi kanyakanya
cyclisme

tennis
tennis

basketball
basket-ball

kuhlambela
natation

khororo ya le ayisini
hockey sur glace

ntlango wa ku bana
boxe

bolo
football

badminton
badminton

mintlango
athlétisme

bolo ya mavoko
handball

kureta e gambokweni
ski

polo
polo

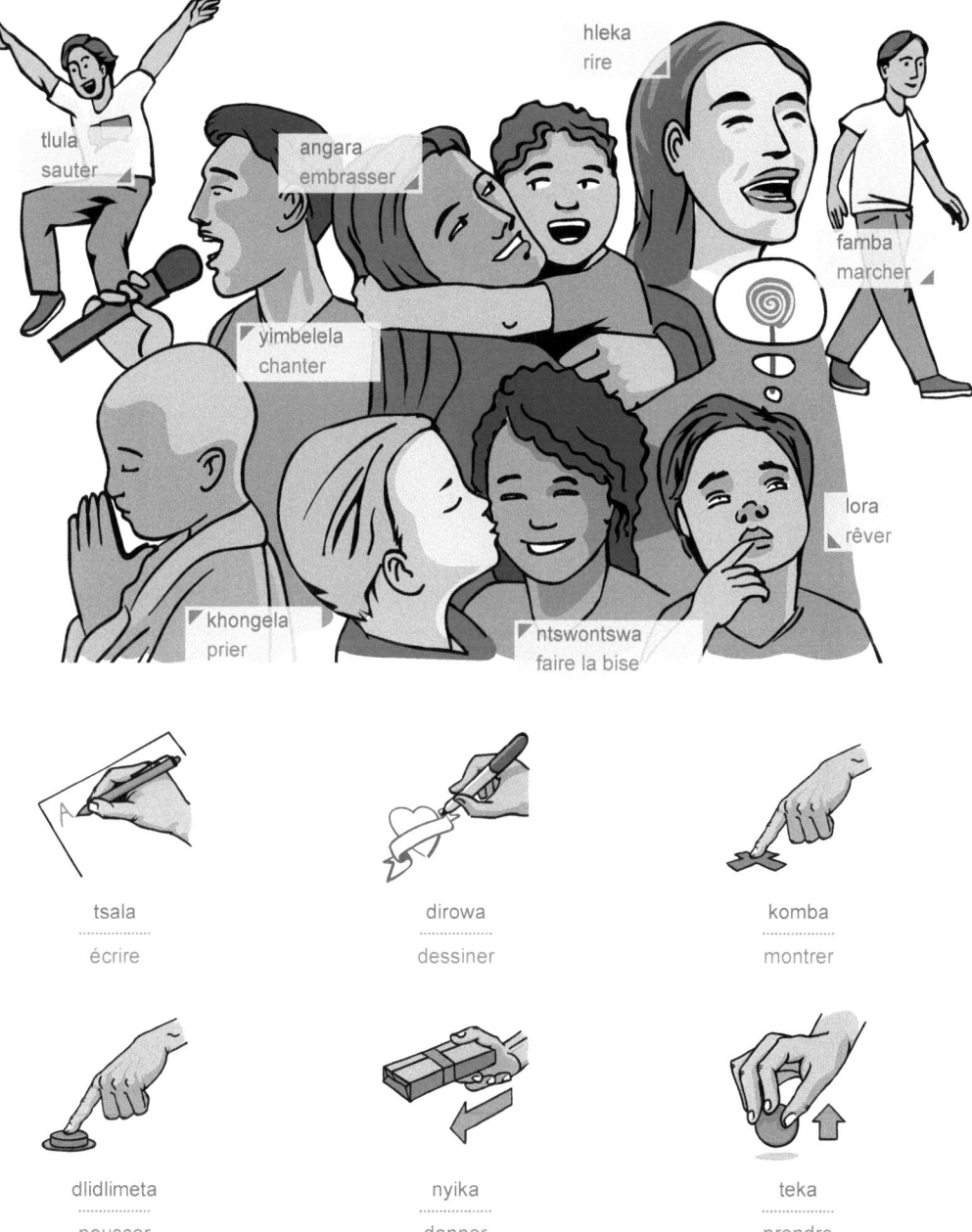

tlula
sauter

angara
embrasser

hleka
rire

famba
marcher

yimbelela
chanter

lora
rêver

khongela
prier

ntswontswa
faire la bise

| | | |
|---|---|---|
| tsala | dirowa | komba |
| écrire | dessiner | montrer |
| dlidlimeta | nyika | teka |
| pousser | donner | prendre |

yi va

avoir

endla

faire

ku va

être

yima

être debout

tsutsuma

courir

koka

trier

lahlela

jeter

wana

tomber

hemba

être couché

rindza

attendre

rhwala

porter

tshama

être assis

ambala

s'habiller

tlela

dormir

pfuka

se réveiller

languta

regarder

rila

pleurer

bana

caresser

kama

peigner

vulavula

parler

twisisa

comprendre

vutisa

demander

yingisa

écouter

nwana

boire

dyana

manger

basisa

ranger

randza

aimer

sweka

cuire

chayela

conduire

haha

voler

tluta

faire de la voile

hlaya

calculer

hlaya

lire

hlaya

apprendre

tirha

travailler

teka

se marier

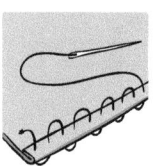

rhunga

coudre

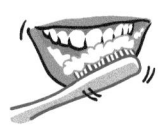

kuhlamba meno

brosser les dents

dlaya

tuer

dzaha

fumer

rhumela

envoyer

# ndyanghu
## famille

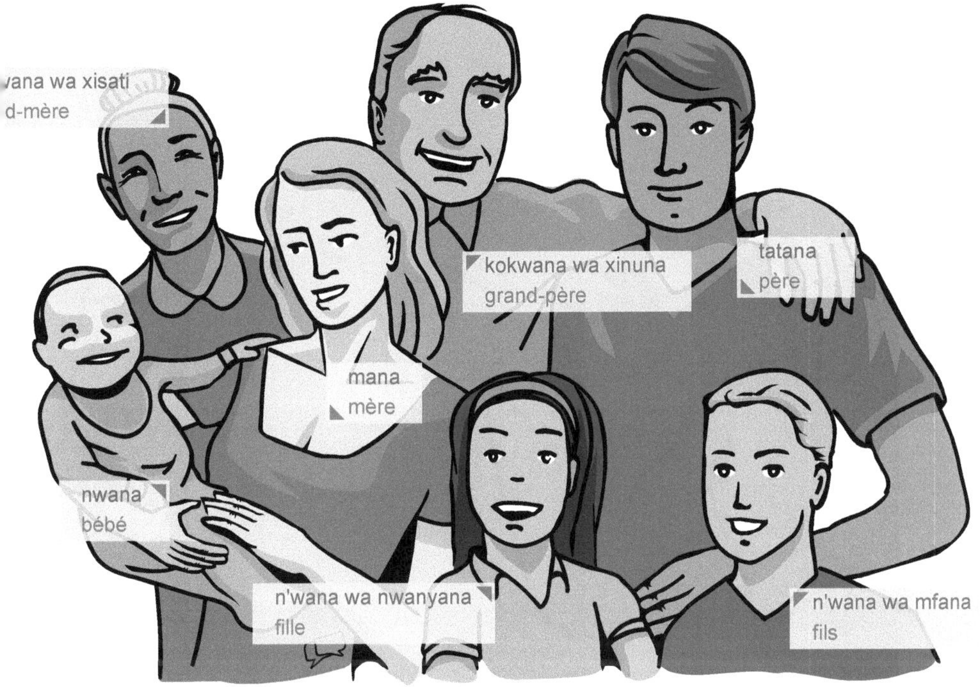

vana wa xisati
d-mère
kokwana wa xinuna
grand-père
tatana
père
mana
mère
nwana
bébé
n'wana wa nwanyana
fille
n'wana wa mfana
fils


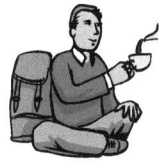

muendzi

hôte

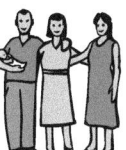

hahani

tante

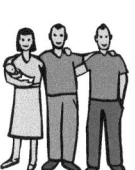

malume

oncle

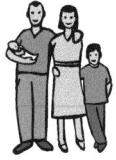

makwerhu

frère

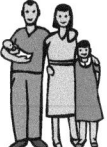

makwrhu

sœur

# miri

## corps

mombo
front
tihlo
œil
katla
épaule
ritiho
doigt
xikandza
visage
xilebvu
menton
voko
main
nenge
jambe
bele
poitrine
voko
bras

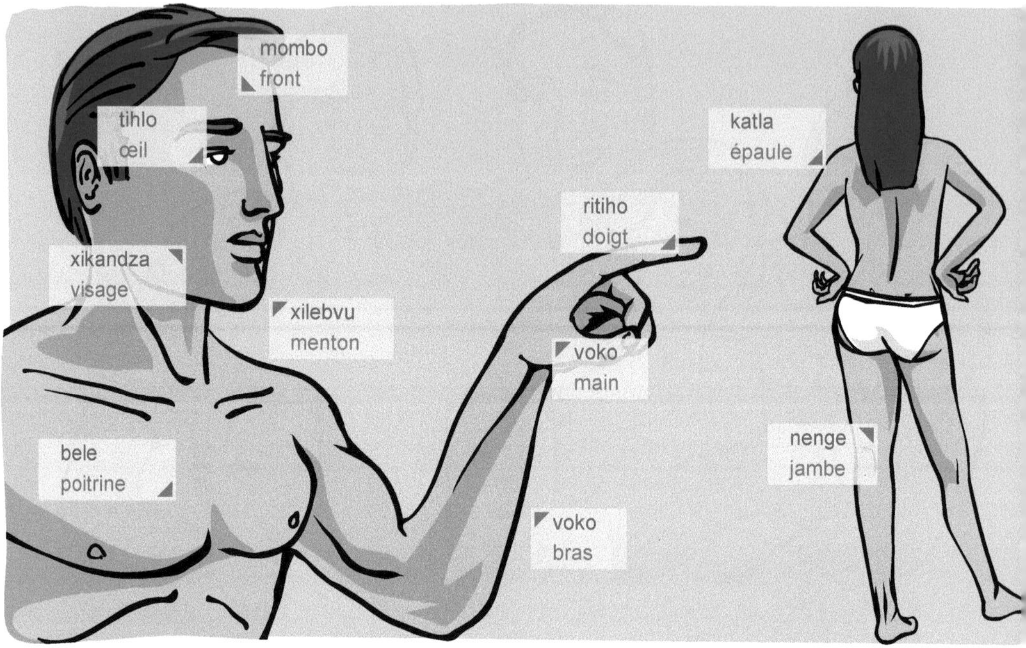

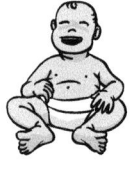

nwana
bébé

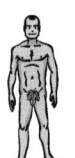

n'wanuna
homme

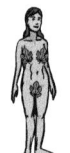

nw'ansati
femme

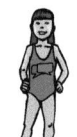

nhwanyana
fille

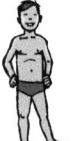

mfana
garçon

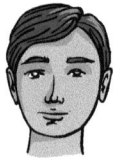

nhloko
tête

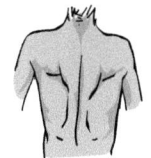

**nhlana**

dos

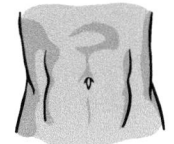

**khwiri**

ventre

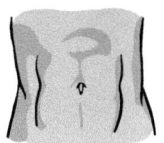

**nkava**

nombril

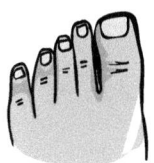

**xikunwani**

orteil

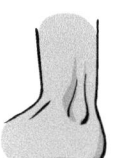

**xirhenze**

talon

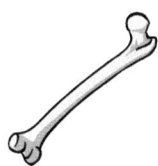

**rhambu**

os

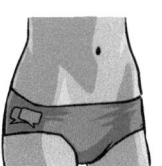

**nyonga**

hanche

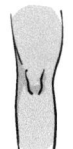

**tsolo**

genou

**xikokola**

coude

**nompfu**

nez

**xisuti**

fesses

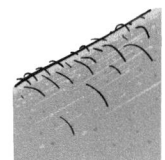

**nhlonge**

peau

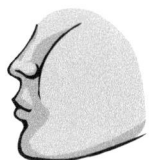

**rhama**

joue

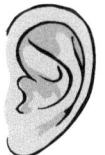

**ndlebe**

oreille

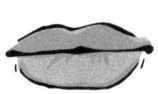

**nomu**

lèvre

miri - corps

nomu

bouche

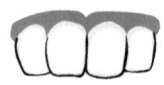

tinyo

dent

ririmi

langue

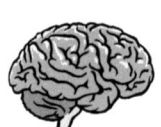

byongo

cerveau

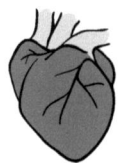

mbilu

cœur

nsiha

muscle

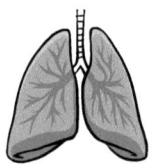

hahu

poumons

vixindzi

foie

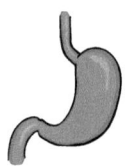

khwiri

estomac

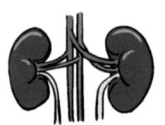

tinso

reins

masangu

rapport sexuel

khondomu

préservatif

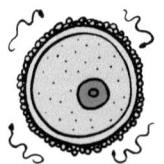

tandza

ovule

mbewu ya vununa

sperme

nyimba

grossesse

miri - corps

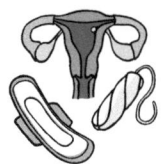

kuya enkarhini

menstruation

muhocho

vagin

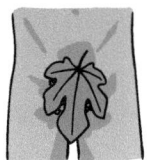

xiluma

pénis

tinxiyi

sourcil

misisi

cheveux

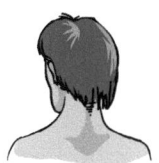

nhamu

cou

# xibedlhele
# hôpital

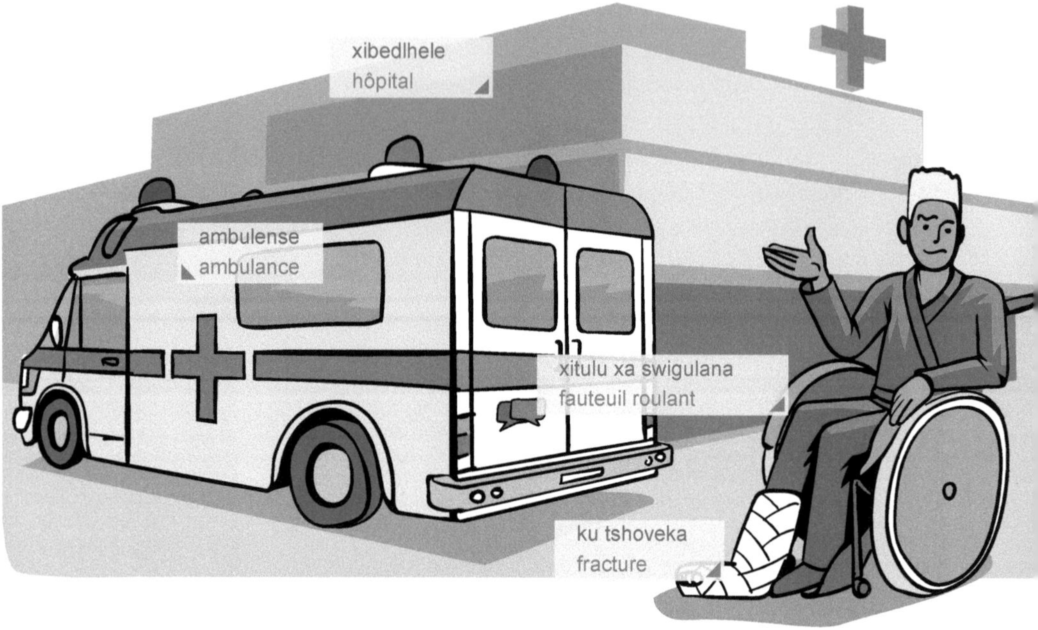

xibedlhele
hôpital
ambulense
ambulance
xitulu xa swigulana
fauteuil roulant
ku tshoveka
fracture


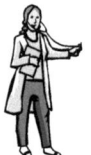

dokodela

médecin

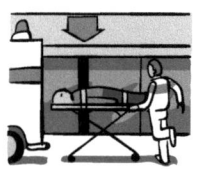

kamara ra xilamulela-mhango

service des urgences

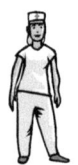

muongori

infirmière

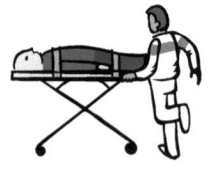

xihatla

urgence

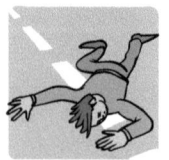

ku titivala

inconscient

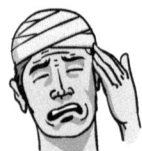

kuvava

douleur

ku vaviseka

blessure

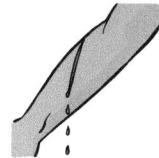

mpfempfa ngati

hémorragie

ku hlaseriwa himbilu

crise cardiaque

ku oma swirho

attaque cérébrale

rinyenyo

allergie

khohlola

toux

xifumbu

fièvre

mukhuhlwana

grippe

nchuluko

diarrhée

ku pandza ka nhloko

mal de tête

khensa

cancer

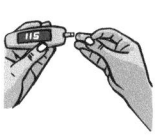

chukela

diabète

dokodela

chirurgien

mukwana

scalpel

vuhandzuri

opération

CT

CT

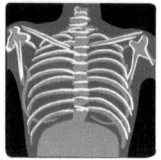

x-rheyi

radiographie

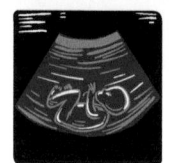

muchini wo yingisela
ntshuka-ntshuko

échographie

xo tipfala tinhomfu

masque

vuvabyi

maladie

kamara ro rindza

salle d'attente

nhonga

béquille

semendhe

pansement

bandhichi

pansement

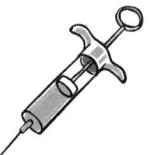

neleta

injection

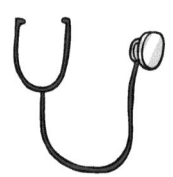

muchini wa madokodela wa
ku yingisa

stéthoscope

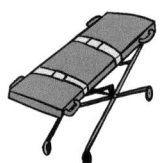

rihlaka

brancard

xipima-mahiselo

thermomètre

ku veleka

accouchement

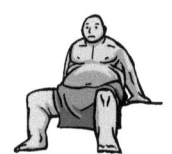

ku nyuhela

surcharge pondérale

swipfuneta-ku-twa

appareil auditif

khemikhale yo dlaya
switsongwatsongwana

désinfectant

switsongwatsongwana

infection

xitsongwatsongwana

virus

HIV / AIDS

VIH / sida

miri

médicament

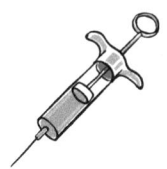

nayiti

vaccination

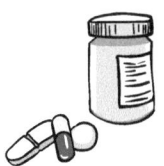

maphilisi

comprimés

pilisi

pilule

riqingho ra xihatla

appel d'urgence

muchini wo kamba
nsusumeto wa ngati

tensiomètre

vabya / hanya

malade / sain

Pfunani!

Au secours !

bele

alarme

ku hlaseriwa

assaut

hlasela

attaque

khombo

danger

nyangwa wo huma loko ku ri ni mhango

sortie de secours

Ndzilo!

Au feu!

xo tima ndzilo

extincteur

mhangu

accident

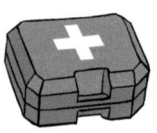

bokisi ra xilamulela-mhango

trousse de premier secours

SOS

SOS

phorisa

police

Yuropa

Europe

Amerika N'walungu

Amérique du Nord

Amerika Dzonga

Amérique du Sud

Afrika

Afrique

Asia

Asie

Australia

Australie

Atlantic

Océan atlantique

Pacific

Océan pacifique

Lwandle-nkulu ra Indiya

Océan indien

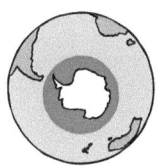

Lwandle-nkulu ra Antarctic

Océan antarctique

Lwandle-nkulu ra Arctic

Océan arctique

North Pole

pôle nord

South Pole
pôle sud

Antarctica
Antarctique

Misava
terre

tiko
pays

lwandle
mer

xihlala
île

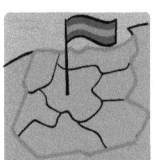

rixaka
nation

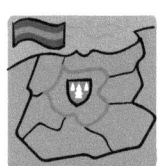

tiko
état

xikomba nkarhi

cadran

xikomba-tiawara

aiguille des heures

xikomba-timineti

aiguille des minutes

xikomba-tisekoni

aiguille des secondes

I nkarhi muni?

Quelle heure est-il ?

siku

jour

nkarhi

temps

sweswi

maintenant

wachi leyi tshavatelaka

montre digitale

minete

minute

awara

heure

# viki
## semaine

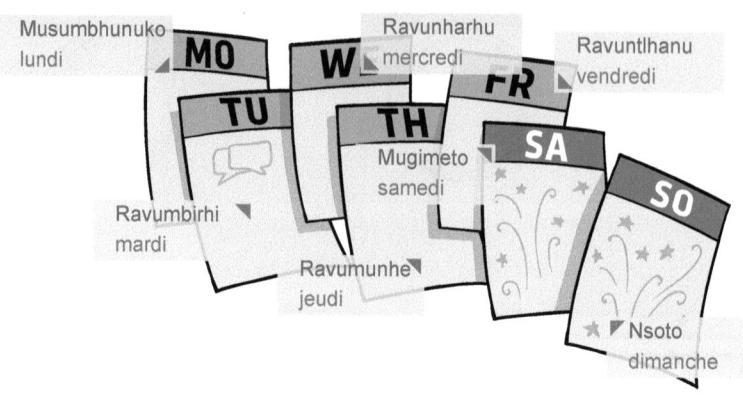

Musumbhunuko
lundi

**MO**

**W** Ravunharhu
mercredi

Ravuntlhanu
vendredi

**FR**

**TU**

**TH**

Mugimeto
samedi

**SA**

**SO**

Ravumbirhi
mardi

Ravumunhe
jeudi

Nsoto
dimanche

tolo

hier

namuntlha

aujourd'hui

mundzuku

demain

mixo

matin

nhlekani

midi

madyambu

soir

| MO | TU | WE | TH | FR | SA | SU |
|----|----|----|----|----|----|----|
| 1 | 2 | 3 | 4 | 5 | 6 | 7 |
| 8 | 9 | 10 | 11 | 12 | 13 | 14 |
| 15 | 16 | 17 | 18 | 19 | 20 | 21 |
| 22 | 23 | 24 | 25 | 26 | 27 | 28 |
| 29 | 30 | 31 | 1 | 2 | 3 | 4 |

masiku ya ntirho

jours ouvrables

| MO | TU | WE | TH | FR | SA | SU |
|----|----|----|----|----|----|----|
| 1 | 2 | 3 | 4 | 5 | 6 | 7 |
| 8 | 9 | 10 | 11 | 12 | 13 | 14 |
| 15 | 16 | 17 | 18 | 19 | 20 | 21 |
| 22 | 23 | 24 | 25 | 26 | 27 | 28 |
| 29 | 30 | 31 | 1 | 2 | 3 | 4 |

mahelo vhiki

week-end

# lembe
# année

mfpula
pluie
nkwangulatilo
arc-en-ciel
gamboko
neige
moya
vent
xumun'wana
printemps
xixikana
automne
ximumu
été
xixika
hiver

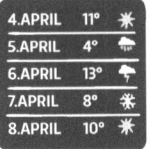

4.APRIL 11°
5.APRIL 4°
6.APRIL 13°
7.APRIL 8°
8.APRIL 10°

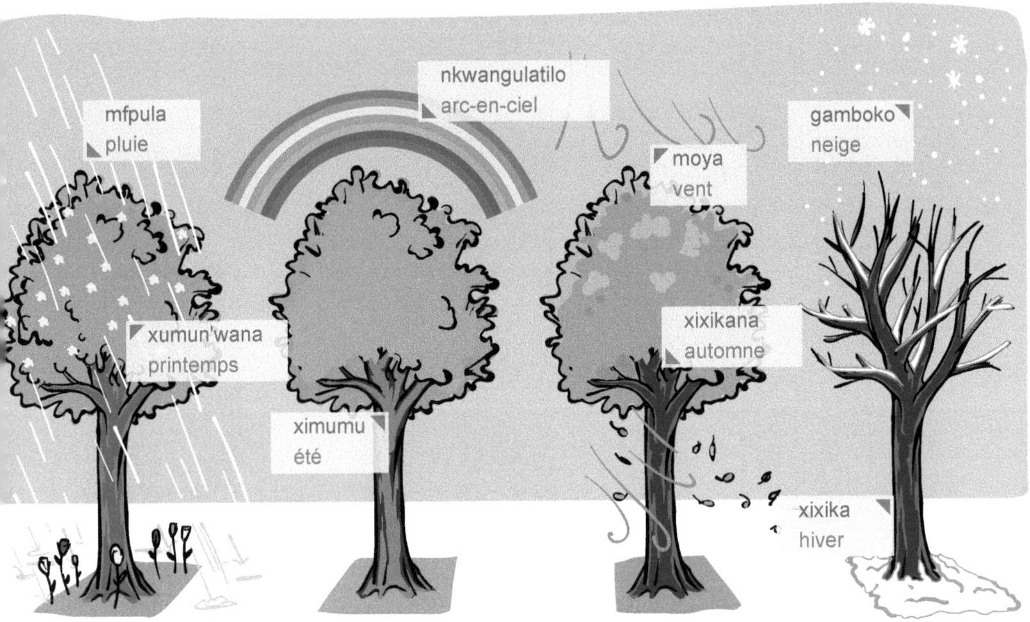

vumbha tamaxelo

météo

F C
120 40
90 30
60 20
30 10
0 0
-30 -10
-20

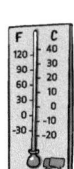

xipima-mahiselo

thermomètre

dyambu

lumière du soleil

papa

nuage

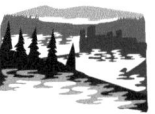

hunguva

brouillard

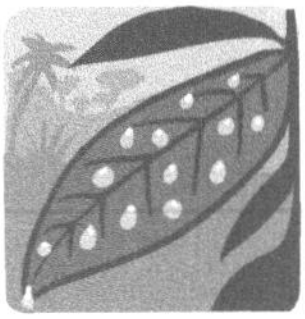

kutsakama

humidité

rihati

foudre

dzindza-tilo

tonnerre

xidzedze

tempête

xihangu

grêle

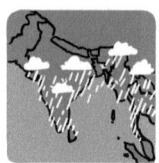

mpfula

mousson

ndhambi

inondation

ayisi

glace

Sunguti

janvier

Nyenyenyana

février

Nyenyankulu

mars

Dzivamusoko

avril

Mudyaxihi

mai

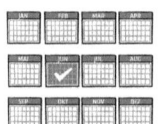

Khotavuxika

juin

Mawuwani

juillet

Mhawuri

août

Ndzhati

septembre

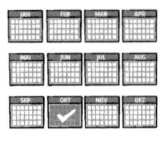

Nhlangula

octobre

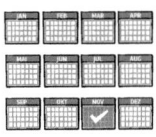

Hukuri

novembre

N'wendzamhala

décembre

## swivumbeko
## formes

xirendzevutana

cercle

xikwere

carré

matlhelo ya mune

rectangle

xivunguvungu xa tintlha
tinharhu

triangle

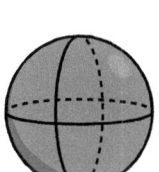

bolo

sphère

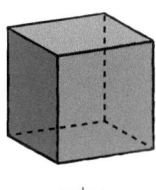

cube

cube

basa

blanc

xitshopana

jaune

lamula

orange

tshwukanyana

rose

tshwuka

rouge

xigunguvungu

violet

wasi

bleu

rihlaza

vert

buraweni

marron

mpunga

gris

ntima

noir

swo tala / swi tsongo

beaucoup / peu

hlundzukile / rhurile

fâché / calme

sasekile / bihile

joli / laid

masungulo / makumo

début / fin

kulu / tsongo

grand / petit

vangama / munyama

clair / obscure

buti / sesi

frère / soeur

basile / chakile

propre / sale

helerile / helelangiki

complet / incomplet

siku / vusiku

jour / nuit

file / hanyaka

mort / vivant

pfulekile / pfalekile

large / étroit

swa dyiwa / a swi dyiwi

comestible / incomestible

homboloka / lunghile

méchant / gentil

tsakile / phirekile

excité / ennuyé

nyuhela / lala

gros / mince

masungulo / makumo

premier / dernier

mungana / nala

ami / ennemi

tele / hava

plein / vide

tiyile / olova

dur / souple

tika / vevuka

lourd / léger

ndlala / torha

faim / soif

vabya / hanya

malade / sain

swi ngariki enawini / enawini

illégal / légal

tlharihile / xiphukuphuku

intelligent / stupide

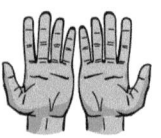

ximati / xinene

gauche / droite

akusuhi / kule

proche / loin

yintshwa / tirhisiwile

nouveau / usé

hava / xin'wana

rien / quelque chose

dyuharile / muntshwa

vieux / jeune

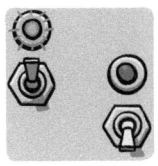

xarirha / xitimile

marche / arrêt

pfurile / pfariwile

ouvert / fermé

myerile / huwa

faible / fort

fuwile / xisiwana

riche / pauvre

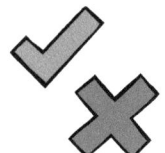

swinene / bihile

correct / incorrect

khwasha / reta

rugueux / lisse

vaviseka / tsaka

triste / heureux

koma / leha

court / long

hlwela / hatlisa

lent / rapide

tsakama / oma

mouillé / sec

kufumela / titimela

chaud / froid

nyimpi / kurhula

guerre / paix

**0**

noto

zéro

**1**

n'we

un / une

**2**

mbirhi

deux

**3**

nharhu

trois

**4**

mune

quatre

**5**

ntlhanu

cinq

**6**

ntsevu

six

**7**

nkombo

sept

**8**

nhungu

huit

**9**

nkaye

neuf

**10**

khume

dix

**11**

khume n'we

onze

**12**

khume mbirhi
..................
douze

**13**

khume nharhu
..................
treize

**14**

khume mune
..................
quatorze

**15**

khume ntlhanu
..................
quinze

**16**

khume ntsevu
..................
seize

**17**

khumbe nkombo
..................
dix-sept

**18**

khume nhungu
..................
dix-huit

**19**

khume nkaye
..................
dix-neuf

**20**

makhume mambirhi
..................
vingt

**100**

dzana
..................
cent

**1.000**

gidi
..................
mille

**1.000.000**

gidi ya magidi
..................
million

Xinghezi

anglais

Xinghezi xa Amerika

anglais américain

Xichayina xa Mandarin

chinois mandarin

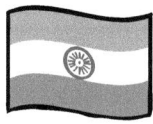

Xihindi

hindi

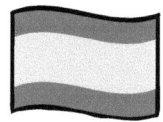

Xipaniya

espagnol

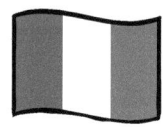

Xifurwa

français

Xiarabu

arabe

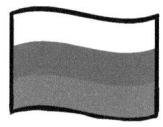

Xirhaxiya

russe

Xiputukezi

portugais

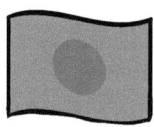

Xibengali

bengali

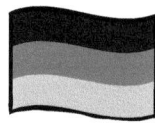

Xijarimani

allemand

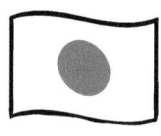

Xijapani

japonais

mina

je

wena

tu

yena / yena / xona

il / elle / ce, c', cela

hina

nous

n'wina

vous

vona

ils / elles

mani?

Qui ?

yini?

Quoi ?

njhani?

Comment ?

kwihi?

Où ?

rhini?

Quand ?

vito

nom

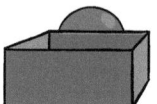

endzaku

derrière

ahehla

dans

emahlweni a

devant

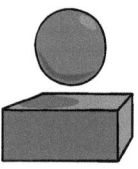

ahenhla ka

au-dessus

eka

sur

ehansi

en-dessous

handle ka

à côté de

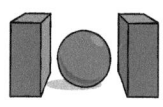

exikarhi ka

entre

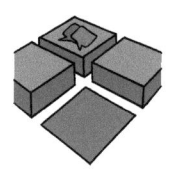

ndhawu

lieu